女子プロレスラー小畑千代

闘う女の戦後史

女子プロレスラー小畑千代

闘う女の戦後史

秋山訓子
Noriko Akiyama

岩波書店

目　次

目　次

第1章

1968年11月6日、蔵前国技館
――史上初、女子プロレスのテレビ放映

引き分けだったファビュラス・ムーラとの試合（1968年11月6日）

蔵前国技館への道

その日、蔵前国技館の周辺の道路は混んでいた。正確には、ものすごい渋滞で車はほとんど動かない状態だった。

タクシーの中で、小畑千代はしきりに時間を気にしていた。試合開始は一八時半。まだあと数時間ある。何があっても十二分に間に合うように、用意して出てきてはいる。時間に正確な小畑だったが、今日はどんなことがあっても絶対に遅れられないのだ。緊張が、より焦りに拍車をかけているに違いなかった。数分おきに腕時計を確認してしまう。初めて沖縄に行った時に、六五万円で買ったお気に入りの金のロレックスが正確に時を刻んでいた。

大切な試合を控えているのに、前の晩はまるで眠れなかった。

大会場でのメーンイベント、トリのシングルマッチ。これだけなら経験はある。しかし今日はこれだけの大箱で、生まれて初めて外人の選手を相手にするのだ。しかも、テレビで放映されることになっていた。女子プロレスでは「小畑の前に小畑なし」と言われたが、決してメジャーとはいえなかった。夢にまで見たテレビ放映。お茶の間に座って、多くの人が自分の試合を見ることができるのだ。もちろん、会場を沸かせる自信はある。けれどもやはり緊張する。手のひらから汗がにじみ出てくる。

あんなこともあった、こんなことも。プロレスを始めてとうに一〇年以上がたっていた。年齢も三〇歳を超して、苦労もさんざんして、そして今——。これまでのことが次から次へと脳裏によみがえって、昨晩はまんじりともできなかったのだった。

「やっと花が咲くね。これまで苦労したね」

緊張を打ち消そうと、小畑は隣に座っている佐倉輝美に話しかけた。

「え？　ああ、そうね」

佐倉の横顔は普段とまったく変わらず、落ち着いて見える。ショートカットでボーイッシュ、普段はほとんど素顔で過ごす小畑に対し、ロングヘアで小柄、いつも化粧をきちんと施し、女性らしいスタイルが好きな佐倉は好対照である。一見、小畑のほうが心身ともにタフそうに思えるが、実は気が強く、いざという時に腹が据わっているのは佐倉のほうかもしれない。

国技館に近づくにつれて、渋滞はますますひどくなった。

人々が長い列をつくっていた。国技館から蛇がくねっているみたいだ、と小畑は思った。警察官が出て、ぴーっと笛を吹きながら交通整理をしている。

小畑はタクシーの窓から首を出して、警察官に話しかけた。

「すごい人ですね。今日、何かあるんですか？」

警察官は忙しそうに手を動かして人々をさばきながら、こちらを見もしないで答える。

「今日、女子プロレスがあるんです。小畑千代と外人が闘うんだそうですよ」

警察官はあたりまえのように小畑の名前を出した。まるで誰もが知っている名のように。

もうそれ以上、車は国技館に近づくことができなかった。小畑と佐倉は料金を払ってタクシーを降りた。

小畑は、続けて降りる佐倉と顔を見合わせて笑った。

「「今日、小畑千代がプロレスをやる」んだってよ」

小畑はそう自分に言い聞かせるようにつぶやきながら、コスチュームとリングシューズの入ったボストンを軽やかに肩に引っ掛け、人々の列を横目に、その人込みを味わうように国技館へとゆっくりと歩いていった。

控室にまで響く歓声

国技館のがらんとした控室で、小畑はコスチュームに着替えてガウンをはおり、リングシューズを履いて支度を整え、目をつぶって腕を組んで座り、自分の番が来るのを待っていた。

ふだん力士が使う国技館の控室には浴室が備わっていて、身体の大きな力士でも入れるような大型の浴槽があった。今日のリングは土俵の上に設置されている。女人禁制の土俵そのものに上がるわけではないが、そのことも小畑の緊張に輪をかけた。

観客席の声が遠くここまで響いてくる。今はセミファイナルの佐倉の試合が行われているはずだ。観客が熱狂し、沸きに沸いているのがわかる。歓声は波のように押し寄せてくる。きっと、佐倉がいつものようにバケツで凶器攻撃をしているのだろう。

彼女がそれをやらないわけがない。その場にいなくても、小畑には手にとるようにわかる。長くウエーブをかけた髪の毛をメドゥーサのように振り乱し、もともとはかわいらしい顔を夜叉のように変貌させて目をつり上げ、まるで狂ったかのように、彼女はバケツを相手、パティ・ネルソンの頭に振り下ろしているのだろう。

そこへ、若手の選手が息せき切って駆け込んできた。

「大変です。佐倉さんとパティが……」

小畑は静かにゆっくりと目をあけて見やる。リング下から一目散に駆けてきたのだろう、ジャージの膝に両手をついて、激しく息をはずませ、心配そうにこちらを見ている。

「血を流しているんだろ？」

「そうです。佐倉さんのバケツでパティが頭から大出血して血まみれになって、もう気が違ったように怒り狂っています」

「大丈夫だよ。最後は佐倉さんがかたをつけるから」

小畑はゆっくりと立ち上がると、軽く屈伸をした。以前痛めた古傷の左膝が少しうずき、やはり気になる。しかし、今日はたとえ足が二度と動かなくなったとしても、思うぞんぶんやり抜く覚悟だった。

さて、行くか。

そろそろ小畑の出番だった。

バケツ攻撃に沸く観客

そのとき佐倉といえば、小畑の想像通りバケツ攻撃で逆上した相手と向き合っていた。バケツで思いっきり殴られるという、予想もしなかった屈辱の体験をしたパティは我を失っていた。しかも国技館のバケツは力士用なのか、一抱えもある特大のものだった。それで殴ったら、スコーン！と、とびきりいい音がした。パティは表情を一変させて猛り狂い、襲いかかってきたのだ。

「うわあっと熊が襲撃してくるような感じ。ああ、パティは頭に来たな、よしよし、って思ったけど、何をされるかわからないじゃない？　もうけんかが、女のけんかが始まるなって思った」

そう言った後で佐倉はフフッと笑った。

「要するに試合じゃなくなっちゃったの。でもそういうのには私、自信があったから」

パティは、佐倉が後ろで束ねていたロングヘアをつかんでぶんぶん振り回した。せっかく時間をかけて巻いたのに、台無しだ。佐倉は身長一五三センチ、体重も四七キロほど。パティは身長が一七〇センチ以上あり、体重も一〇〇キロ近く、佐倉のほぼ二倍だ。見た目はそれ以上だ。

佐倉はパティをヘッドロックで締め上げながら、「Now working!!」と何度も叫んだ。

「今は仕事中なのよ、と伝えたかったの。使えない英語でね(笑)」

ぐいぐいと締め上げる佐倉の背中には、コスチュームの肩紐を横断するようにゴムが通してある。自分でつけたものだ。肩紐がずれて粗相があってはいけない、と用心してのことだ。そんなところにお客さんの気をとられたくない、あくまでもスポーツとしてのプロレスに集中してほしい。ストイックなまでの、過剰なほどのこだわりだった。

結局佐倉は「気持よく負けた」が、会場は興奮のるつぼと化し、大満足だった。いつものように、ぺしゃんとつぶれて血に染まったバケツを、無造作に客席に放り投げた。

はい、持ってお帰りなさい。今日の国技館のいいお土産に。

ここでまた観客がダメ押しのように沸く。

あとは頼んだから。

満足感、達成感に満ちて、高揚しきっている心の中で言いながら、佐倉は大きく息を吸い込んだ。この狂ったような表情、ふるまいを、自分は演じているんだろうか。それとも、これが本当の私なんだろうか。喧噪の頂点、興奮のど真ん中にいながらも、佐倉にはいつもどこか醒めたところがあった。

そんなことはどうでもいい。お客さんが満足してくれているのだから。それが一番、それだけでいい。

疲れと、緊張の途切れで今にも崩れ落ちそうになっているのに、そんな様子はみじんも見せず、もちろん笑顔など見せるわけもなく、選手と観客の体温で熱気が渦巻く花道を、いつものように息一つ切らせず、クールな表情で引き揚げていった。

そう、私はあくまでも最後まで、冷たく、気高く、そして狂った女子プロレスラー、佐倉輝美をまっとうしなければならない。それが私の職業なのだから。今は仕事中なのだから。

ついにこの時が来た

小畑は花道をゆっくりゆっくり進んでいた。超満員の観客席を確認し、彼らの発する歓声を、思う存分に浴びる。歓声は国技館の壁や高い天井に反響して、さらに増幅されて何倍もの大きさになる。それはこれから、真ん中のリングに立つ自分ただ一人に向けられているものだった。最後の一番。胸の鼓動が皮膚を突き破りそうだ。

「おーばーたー、ちーよーー!!」

名前がコールされると、いつものように半分に切ったレモンをきゅっと自分の口に向けて絞った。酸っぱい果汁が口中いっぱいにしみこみ、目が覚めるようだ。身がひきしまる。

「よっしゃ!」

気合を入れて、ぴしゃっと両手で太ももをたたくと、一気にリングへの階段を駆けのぼり、小気味よくしなるロープに手をかけると、リズムよく体をかがめ、ひょいとくぐって会場中が待つリングへと軽やかに出ていった。

わあああああ！！！！　ますます歓声は大きくなる。天井から、足元から、怒濤のようにそれは押し寄せてきた。全員が小畑を待ち、歓迎している。

これだ。これだったんだ。小畑は全身でその歓声を味わい、楽しんでいた。

これが私の望んでいたもの、夢だったんだ。今、この瞬間、これまでの努力が実ったんだ。

これまでの人生が胸の中をかけめぐっていく。

ついにこの時が来たんだ。

全身が震え、総毛立ち、肌が粟立った。自分がいま、この蔵前国技館に集まった人々の、すべての注目を集めている。心地よく、スリリングだった。最高に、気持よかった。

私はこの光景を一生忘れない。小畑は脳裏に焼き付けた。

さらなる歓声が身を包む。ショートカットの小畑は右手の拳骨《げんこつ》を天に突き上げて、上質のシルクでできた肌触りのよいブルーのガウンをはらりと脱ぎ捨てた。コスチュームは、この日のために新調した、ジャンセンの紫のものだ。脇に太く白い縦のラインが二本、入っている。シンプルなデザインで、スポーティーなプロレスが身上の小畑のイメージそのものだった。

一六〇センチ、六三キロ。当時の日本人女性としては大柄なほうだったとはいえ、スポーツ選手としては決して大きくない。ただ、その肉体は鍛え上げられ、余分な脂肪はなく、二の腕の太さは四五センチを超えるほどで、筋肉質でしまっていた。

相手はファビュラス・ムーラ。米国で何度もチャンピオンとなった著名なベテラン選手である。

もっと若く自称していたが、このとき実年齢は四五歳。一七〇センチと大柄だったが、小畑はパワーには自信があった。外人選手と試合をするのは初めてだが、負けるものか。

リングサイドに目をやると、両親、知り合いの人々、そして警視庁の柔道部の連中がずらりと並んでいるのが目に入った。みんながこの試合に注目している。

四五分の三本勝負

カーン！　試合開始を告げるゴングが鳴ると、小畑は上体をかがめて、シャープな視線を相手に投げながら、円を描くようにすばやく動き回りつつ相手の様子を見て、頭の中で試合のイメージを組み立てていた。初めての相手だから、相手がどう出てくるかわからず、試合運びはそう簡単にはいかない。ヘッドロックの取り合いになる。

アメリカ式のショーマンシップにあふれたプロレスをするムーラは、しょっぱなから反則攻撃を仕掛けてくる。

小畑の頭をヘッドロックで脇に抱え込むと、隠し持っていた金属製の洗濯ばさみで目の上をつく。レフェリーが注意しようとすると、口の中に入れ、あるいは豊満な胸の谷間に押し込んで隠す。汚いやり方に、日本人観客は怒る、怒る。ブーイングの嵐だ。ムーラの真骨頂、さすがプロフェッショナルともいえる。一方の小畑は、反則はせず、あくまでもきれいなプロレスが身上だ。ムーラがヒール、小畑がベビーフェースといえようか。

一本目は六分四〇秒、ジャックナイフという技、ムーラがブリッジして小畑の体を押さえつけてフォールをとった。

二本目は、自分が必ずとる。そう決めて小畑が攻める。ドロップキックを次々に繰り出す。相手を倒し、横になった状態で、肘をこちらの膝と腕で固めるキーロック。小畑はパワーがありながらも切れ味の鋭い動きが身上だった。そして力道山ばりにチョップを連打する。会場が沸く。

ああ、こんなものか。小畑は相手にスキを見せず、間断なく動き回りながらそう思っていた。体は大きいかもしれないが、日本人のほうが技があるじゃないか。何が外人だ。

それに、体格差があったって、こちらにだって力はあるんだ。それを見せてやろう。

小畑は八〇キロはあると思われるムーラを、まるで大根でも持ち上げるかのように両腕で頭上に軽々と抱え上げた。

おおおおー。観客から感動したように声があがる。

頭の後ろで横に担ぎ上げ、ぐるぐると回る。小畑の得意技、飛行機投げだ。どの席にいる観客からも見えるように、何度も何度も回らなければ。お客さんに喜んでもらわなければ。せっかく来てくれたお客さんに。

観客もそれに応えるように大声援だ。

さあ、そろそろいいか。

景気よく、勢いよく、床に向かってムーラを豪快に放り投げた。

うわーっ!!　観客の声援の中、弧を描いてどさっとムーラが落ちる。素早く小畑がエビ固めに入る。

レフェリーが床をタップする。ワン、ツー、スリー、フォール！！！　二本目は七分ゼロ秒で小畑が取った。観客席の興奮は頂点に達する。みな、叫び、手をたたき、足を踏み鳴らす。

いよいよ三本目だ。これを取ったほうが勝ち、勝負が決まる。

最後は場外乱闘になった。レフェリーがカウントを始める。二〇カウント以内にリング内に戻らなければ失格になる。小畑はいち早くリングに急ぐ。ムーラも追いかけてくる。

「エイティーン、ナインティーン……」

小畑がロープの下からスライディングをするように、リングに滑り込む。レフェリーが小畑の腕をとった。

「私は、勝った、って思ったの。私のほうが先に上がったつもりだったから」

ところが、レフェリーは二人の腕を同時にあげていた。それぞれが一本ずつとり、最後は四分五〇秒、二人ともリングアウトで引き分け、という結末だった。

満場の観客は、残念と思いながらも日本人の小畑がここまで闘ったことに感動していた。よくやった、すごいぞ。お疲れさま――。そんな空気が会場を満たした。しかし、小畑の心を満たしていたのは満足感ではなかった。

「気分が悪かった。今度は勝ってやろう。やっぱり勝たなくちゃと思った」

花道を引き揚げるときに、今日の試合を放送する東京12チャンネル（現・テレビ東京）のプロデューサー、白石剛達《しらいしたけみち》が出迎えた。女子プロレスのテレビ放映という前代未聞の試みは、白石にとっても賭けである。

白石は笑顔で小畑に声をかけた。「ちいちゃん、ありがとう」

小畑も笑顔でうなずいた。しかし、すでにその眼は先を、もっと上を、見据えていた。

試合の反響

試合の模様を、東京スポーツはこう伝えている。

狂乱ムーラが防衛　ＩＷＷＡ世界選手権

小畑無念の引き分け　凶器に烈火　人間ゴマ逆襲空し

観衆六千五百人。

東の花道から登場したムーラに観客がいっせいに「ピー、ピー」と口笛を浴びせる。ムーラは立ち止まってキッと観客をにらんだ。試合開始前から荒れ模様だ。挑戦者の小畑は小柄だがファイト満々だ。紫の地に両サイドに二本の白いストライプがある水着がよく似合う。

小畑は猛烈なチョップをムーラの首筋へたたき込む。四発、五発とすさまじい。（小畑は）これで弱ったムーラを場外へたたき落とす。カウント11でリングにはい上がったムーラに小畑は飛びげり、ハンマー投げ。最後は飛行機投げでたたきつけ、エビ固めで決め、タイに持ち込んだ。

小畑のコメント「きょうは引き分けましたが、この次は必ずタイトルを取ってみせます」

ムーラのコメント「小畑はなかなかのファイターでワザも意外と多い」

八田一朗(日本のアマレスの創始者で、早大レスリング部をつくった人物。前述の白石も早大のレスリング部出身である)「とにかく文句なしに面白い。きょうの試合は女子プロレスの魅力がたっぷりだ」

(一九六八年一一月八日付)

この試合の写真は二枚、凶器攻撃でムーラが小畑を攻めるアップ、それから小畑がムーラを抱え上げているショットもある。

当時、同紙では連日プロレスラーのジャイアント馬場が一面トップを飾り、プロレス紙のような趣を呈していたが、小畑の試合は一面で「女子プロレス世界戦詳報」という見出しを立て記事を展開している。女子の試合をこのように大きく扱うとは、異例といっていいだろう。

一九六八(昭和四三)年一一月六日。

この日の試合は、同月二一日に東京12チャンネルで放映された。日本の女子プロレスが初めてテレビ放映されたのだ。視聴率があまりに低く、他局からは「番外地」と呼ばれた同局だったが、その試合は二四・四%という、東京12チャンネル始まって以来の高視聴率を記録した。

小畑が一八歳でプロレスを始めてからすでに一四年がたっていた。

女子プロレスというものが、単なるショーでなく、鍛え上げられたアスリートによるスポーツであって、女も闘う性《さが》であるということを世の中に知らしめた日だった。

小畑のファンである秋葉和徳は、テレビの前で固唾をのんで見守った視聴者の一人だった。一九六三年生まれの秋葉は、その時五歳。しかし、テレビ放映の鮮明な記憶があるという。

「テレビの前で、父と母と六歳年上の姉と、正座して観ました。日本人、しかも女性が外人レスラーと闘うなんて、ちょっと大げさに言うと日の丸を背負って闘う、そんな緊張感がお茶の間にも、会場にもあったと思うんです。父はムーラのことを知っていたんでしょうね、「ムーラは強いぞ」なんて言っていたことを覚えています。私は子どもだったから、ものすごく怖い人だな、こんな人と闘うんだという緊迫感がありました」

秋葉は、小畑が飛行機投げでムーラを担ぎ上げたシーンを覚えている。

「あんな大きな人を軽々と持ち上げて、それだけでも大びっくりなのに、それを回転させて、振り回して、フォールにもっていって。やったー、と沸いたことを部分的に覚えています」

あまりの高視聴率に、女子プロレスにもスポンサーがつき、週一回三〇分のレギュラー番組となる。これについては後述しよう。

埋もれた女子プロレスの歴史

日本で女子プロレスといえば、ビューティ・ペアやクラッシュ・ギャルズの名が挙げられようか。これらスター選手を生んだ団体は全日本女子プロレスだが、日本の女子プロレスは六〇年以上の歴史を持つ。力道山がブームを引き起こした男子プロレスとそう変わらない。

だが、その歴史が正面から語られることはめったにない。そもそもプロレスというもの自体がうさんくさい、八百長、うそっぱち云々といった色眼鏡で見られがちだ。ましてや闘う主体が女性となれば、エロだグロだと偏見は倍加する。しかし、だからこそ女子プロレスを正面から真剣に、歴史的に語る意味がある。戦後、それまでの価値観が大きく転換する中で誕生した女子プロレスは、女は静かにおとなしく男に従うべしという固定観念を打ち破り、女性も闘うものであり、また闘っていいのだと、性別役割から解き放つ役目を果たした。半世紀以上前に、である。

加えて女子プロレスは、男性にはない美しさや華やかさ、しなやかさ、そして、体が小さいからこそ生じる機敏性とスピードも兼ね備えている。

スポーツ史やスポーツ人類学が専攻の、稲垣正浩日本体育大学名誉教授は、小畑について次のようなブログを書いている(「スポーツ・遊び・からだ・人間」二〇一五年六月一一日)。


小畑千代といえば、知る人ぞ知る女子プロレスの草分けの花形ヒロインである。彼女は、小柄ながらも切れ味の鋭い技といい、プロレスの盛り上げ方のうまさといい、大向こうを唸らせる演出の名手だった。わたしなども、テレビの画像を食い入るように見入り、その闘志あふれる闘いぶりに舌を巻いたものだ。小畑千代という名プロレスラーの登場によって、女子プロレスというものの存在が戦後の日本の社会にあって、一気に注目されるようになった。女もともとプロレスといえば、男のものと相場が決まっていた。女だてらにプロレスをしたところで、稚児のお遊びくらいの扱いしかされなかった。実際に、世間もまたそんな目でみていたとおもう。かく申すわたしも、女のプロレスかぁ、どうでもいいよね、迫力もないだろうし……、くらいの認識でしかなかった。その世間一般の認識を、えっ？　なんだ？　これは？　女子プロレスは面白いぞ、という具合に変化させた。その原動力となったのは、まぎれもなく小畑千代だった。

そうして、徐々に女子プロレスの人気はうなぎ登りのように高まっていった。そして、小畑千代につづく名レスラーが続々と登場した。こうして、その後の女子プロレスの隆盛を考えたときに、小畑千代の功績は計り知れないものがあった。

稲垣は二〇一六年二月に七七歳で亡くなった。小畑について聞きたいと、コンタクトを取っているさなかの突然の死だった。

稲垣も指摘しているように、強さと美しさが両立し、それが女性の魅力になりうると世の中に認識させたのが、女子プロレスなのだ。女性解放の大きなメルクマールと言ってもいいかもしれない。日本のレスリングの創始者で、長くレスリング協会の会長を務め、参議院議員にもなった八田一朗も、小畑のよき理解者だった。「おまえは本当に心のあるプロレスをする」、よく小畑にそう言っていたという。

一方で、いくら女性が選手として活躍していても団体を率いているのは男性であって、女性たちはあくまでも男性に使われ、搾取されてきたのではないかという指摘もあるだろう。確かにビユーティ・ペアやクラッシュ・ギャルズを擁した全日本女子プロレスはまさに男性の経営陣のもと、女性の選手が雇用されていた。

だが、男性と互角にわたりあって、興行社会をたくましく生き抜き、プロレスを各地で開催していた女性たちがいた。

それが小畑千代であり、佐倉輝美である。彼女たちは団体に所属せず、自分たちで興行師と交渉して各地で試合をしていた。女性が職業を持つこと自体が珍しい時代、それは多くの困難を伴うものだったが、あえてその道を選んだ。対戦相手はレスラーばかりではなかった。世間と、偏見と闘い続けたのだった。

先に述べたように、初のテレビ放映があったとき小畑はすでに三二歳、佐倉は三〇歳。結婚もしていなければ、子どももいない。一九六八(昭和四三)年、女性の平均初婚年齢が二四・四歳の時のことである。女性は高校や短大を出て数年働いて、結婚するとき寿退社するか、あるいは妊娠して退社するかがほとんどだった。三〇代までシングルで自立して生活を続けている女性はきわめて少数派だった。

九〇年代になるまで、全日本女子プロレスではほとんどの選手が二五歳を前に引退していたことを考えても、当時の小畑がいかに独自の存在であったかがわかるだろう。彼女は三〇代になってから、何度目かのピークを迎えたのである。

そう、彼女たちは成熟していた。かつて米国女性解放運動の「教祖」ベティ・フリーダンは、ベストセラーとなった著書『女らしさの神話』(一九六三年、邦訳『新しい女性の創造』)で、「女性神話が、女らしさの名の下に、まつりあげ、恒久化したのは、受け身の、子どもらしい未成熟さである」と喝破した。日本においては、若くて未成熟であることが女の魅力であると今に至るまで語り続けられている。

しかし、小畑たちはいち早く成熟した大人の女こそ美しく魅力的であることを世の中に問い、熱狂的に支持されたのだった。

『緋牡丹博徒』と闘う女

一九六八年といえば、日本の大衆文化と女性を語る時にもう一つ、どうしても欠かせないものがある。

それは、藤純子(富司純子)主演による東映の任侠映画『緋牡丹博徒』の公開であった。女子プロレスの試合放映に先立つこと二カ月の、九月に公開され、大ヒットを巻き起こした。一九六〇~七〇年代にブームを呼んだ一連の東映任侠映画シリーズの一環であるが、それまでの『人生劇場　飛車角』、『網走番外地』シリーズ、『昭和残侠伝』シリーズなど一連の大ヒットをふまえ、これで頂点を極めた。

明治の中頃、熊本の一家の生まれの女博徒・竜子。肩には鮮やかな緋牡丹の刺青を背負う。通称「緋牡丹のお竜」が父の敵を討つために賭場から賭場へと流れていく。男勝りの度胸とけんか強さはあるものの、品があってしとやかさもあわせもつ。

女が闘う。男に頼らず、一人生き、闘う。しかも凛とした美しい、気品のある女が。当時藤は二〇代前半であったが、大人の女の品性を漂わせていた。こびず、悪党どもを投げ飛ばし、かんざしを投げ、小太刀を振るう。一つ一つの所作が決まっていた。これが大受けした。

女性の任俠ものといえば、すでに大映の江波杏子主演『女賭博師』シリーズがあった。東映は二匹目のドジョウといったところだが、国民的に認知されたのは『緋牡丹博徒』のほうだった。

当時東映の常務兼企画製作本部長でのちに社長となった岡田茂が着想し、指示したという。結果は大ヒットで、以後四年の間に八作がつくられた。「闘う自立した美しい女」が受け入れられる素地ができていたということだろう。小畑もまた仁俠映画を愛する。それをリング上でも体現していたといっていいかもしれない。

東京12チャンネル運動部長、白石剛達

一九六八年一一月、小畑とムーラの試合を放映し、テレビ史上初めて女子プロレスを電波に乗せたのは、今はテレビ東京と名を変えた東京12チャンネルだった。先に触れたが、プロデューサーの名は、白石剛達という。

白石は一九二九(昭和四)年生まれ。東京12チャンネルの初代運動部長で、敏腕プロデューサーとして名をはせ、専務まで務めた。早稲田大学時代はレスリング部の活動に打ち込んだ経験があ

る。早大レスリング部は、前述の通り日本のアマチュアレスリング創始者である八田一朗がつくった名門だ。白石は文字通りの「武闘派」であり、学生時代にはその筋の人々の用心棒を務めたこともあったらしい。若い頃の白石の写真を見ると、眼光鋭く、小柄ながらシャープな体の線で、見るからにただ者ではない雰囲気を漂わせている。サングラスを愛用し、それがよく似合っていた。運動部は「白石一家」と呼ばれる結束力の強いチームだったという。

『11PM』に出演、司会の藤本義一からマイクを向けられる小畑

大学を卒業し、母校のレスリング部の監督や全日本チームのコーチをしていた一九六四(昭和三九)年、開局したての東京12チャンネルに入社。当時、後発組の同局は、視聴率でも苦戦し、「視聴率番外地」と呼ばれるような状態が長く続いた。

白石はローラーゲームやキックボクシング、また、一九六五年に日本リーグがスタートしていたものの、人気は現在とは比べ物にならないレベルだったサッカーなどの新興スポーツに光をあてた。

その一つが、女子プロレスだった。

白石にはぜひ話を聞きたいと思い、小畑を通じて連絡していたのだが、連絡のつかぬまま、彼もまた二〇一四年六月に亡くなった。

白石は恵比寿の道場まで女子プロレスの練習を見に行き、そこで小畑と佐倉を見出したという。

それには伏線があった。実は、小畑と佐倉はテレビで一度レスリングを披露している。

風俗業経営などと共に興行の仕事をし、一時期、「日本女子プロレス」も率いた中村守恵の紹介で、日本女子の一員という名目でよみうりテレビの『11PM』に出演したのだ。司会は作家の藤本義一、当時よくゲスト出演していた医師の木崎国嘉が「女性はどこまで鍛えられるか」というテーマを論じる回だったという。スタジオに特設リングを組み、小畑と佐倉がシングルマッチをした。

それを目にした白石が中村に連絡をしてきたのだった。

小畑は中村と、かつて柔道やレスリングを教えてもらい、一緒に興行をしたこともあるレフェリーの木下幸一に声をかけられ、恵比寿のジムに向かい、そこで公開練習をした。佐倉と小畑のシングルマッチを見た白石は、ほかの女子選手たちはともかく、この二人は別格でいける、とふんだようだ。そして中村に出演を依頼する。

中村と木下が小畑、佐倉がプロレスの傍ら経営していた浅草の「バー　さくら」にやってきた。

「ちいちゃん頼む。お願いだから、守恵と契約してくれ」

木下はカウンターのスツールから降りると、土下座をして頼んだ。

小畑と佐倉はそれまでのつきあいの経験から、金に汚い中村は好きではなかった。また師であり同志でもあった木下を尊敬し感謝はしていたが、今は一線を画して行動していた。

ただ、小畑にとってテレビでプロレス中継されることは夢だった。

男子のプロレスは、力道山の試合がテレビの創生期に放映されて熱狂的な人気を呼んだ。力道山が空手チョップでシャープ兄弟に猛攻をかける様子を映し出す街頭テレビに人々が群がったのは、よく知られている通りだ。世間に認めさせるにはやっぱりテレビしかない。特に、偏見の目で見られがちな女子プロレスではなおさらだ、と小畑は思っていた。当時小畑や佐倉のほかにも女子プロレスの興行はあったが、小畑には、自分たちは他の選手とは違うという強烈な自負があった。スポーツライクで、技巧やパワーにも絶対の自信があった。

世の中に自分たちの存在を認めさせるツールがテレビだったのだ。一九六〇年代末当時はテレビが娯楽の中心で、「お茶の間」で白黒テレビを家族そろって観ていた時代である。

「来た！　って思った。今まで努力した甲斐があった、認めてもらえたと、うれしかった。それまでは、女子プロレスを怪訝な目で世間の人は見ていた。女の子が水着を着て股を開いて、というイメージがあるじゃない。そういう興味本位な見られ方、色眼鏡にものすごく反発を感じていたから。でも、しっかりやっていればいつか認められると思っていた。その通りになったのよ。女子でもこんなことができるのかと世間が驚いたでしょ」

ただし、テレビに出るとなれば、フリーではなくてどこかの団体に所属することが必要だった。そこで、不本意ではあるが、名目だけ中村率いる日本女子プロレスに所属することにして、東京

12チャンネルと契約した。

中村には、若い女性の尻を追いかけ回すようなところがあり、それも小畑はいやだった。一緒に興行した時は、若い女子選手たちに手を出さないよう常に小畑が気を配っていた。若い選手とわざと部屋を替わり、中村には黙っていた。すると夜更け過ぎにドアがノックされ、「どうだ、元気か」と中村がやってきた。小畑が「何ですか」と開けると、「げっ」と言って、そそくさと逃げていった、という。

レギュラー放映の開始

白石は二人のどこに目を付けたのか。テクニックのすばらしさ、パワー、運動能力の高さ、オーラや華、ショースポーツとしての完成度の高さ、見せ方……。

白石も最初は「たかが女子プロレス。たいした技もないだろう」という目で見ていたらしい。自分にレスリングの素養があるからこそ、見る目は厳しかった。しかし公開練習を見て、格闘技を知っているからこそ考えを一瞬で変え、すぐに腹を決めた。

白石は小畑と佐倉に言った。

「これは本物だ。俺は女子プロレスを甘い目で見ていたけど、とんでもない。これは俺の首をかけてやる。だから小畑くん、がんばってくれ」

「私も自分の体をはります」

小畑はそう、答えた。

白石は、男性としては小柄だった。だからこそ、体の大きくない女子がここまでやることに驚嘆し、共感したのだった。白石は言った。

「俺も小さいんだ。女子で体が小さくても、これだけのことをするんだよな」

白石の決めた「健全スポーツ路線」は、小畑たちの志向ともぴったり一致していた。しかし、社内のハードルは高かったらしい。当時は、女子プロレスはストリップと同一視されかねないエログロ、キワモノという偏見で見られていたからだ。同局が、もともと教育科学の専門局として出発したことも影響していた。

果たして世間はどう受け止めたのか。

当時、視聴率は月曜日に前週の分が発表されていた。蔵前国技館での試合の放映は木曜日で、翌週の月曜日に発表された数字は先に述べたように二四・四%という、局始まって以来の高視聴率だった。女子プロレスは、世間から支持されたのだ。このエピソードは、二〇一四年のテレビ東京の開局五〇周年記念番組でも紹介された。

白石の意思決定は早い。即レギュラー化が決まり、早くも蔵前の放映から二週間後の一二月五日から放映が開始された。木曜日の一九時半から三〇分間、ゴールデンタイムだ。

テレビの影響力は大きかった。視聴率も非常によく、レギュラー化第一回でいきなり二〇%の大台を超えて二〇・九%を記録した。放映されるや否や、小畑と佐倉は「朝起きたら、私は有名人になっていた」という状態になったのである。取材も殺到した。街を歩いていても、電車に乗っていても、行きかう人から言われた。

「ほら、プロレスのあの人よ」「握手してください」「サインください」「あ、千代だ。佐倉輝美だ」

タクシーに乗っていても「素晴らしかったですね。サインしてください」と声をかけられた。

それまで、偏見や差別の目で見ていた人たちも、がらっと態度を変えた。

たとえば、近所の風呂屋でもこそこそと陰で、「あの人たち女子プロレスやっているんだって」と言っていたような人たちが急に笑顔で寄ってきた。女子プロレスを受け入れ、キワモノではないショースポーツとして見てくれるようになったのだ。

「ちいちゃん、絶対にやめるとか降りるとか言わないでくれよ」。白石は言った。

小畑は白石に恩義を感じ、この人を男にしてやろう、ここまで言ってくれるのなら、この人のためならどんな努力でもしてやろうと思った、と語る。佐倉と二人で「よかったね」と喜びをわかちあった。ついに花が咲いたのだ。これまで一生懸命、努力を重ねてきた甲斐があった。

同時に気も引き締まった。全国区で人気が出た以上、絶対半端なこと、おろそかなことはできない。テレビ局を背負っているようなものだ。責任がある。もし下手なことをしたら即打ち切りになり、せっかく骨を折ってくれた白石の顔をつぶすことになる。義理と人情、仁義を重んじる小畑にとって、「相手の顔をつぶす」ことは、何よりも避けたいことだった。がんばらなくては。

質の高い、良い試合をしなければ。白石の恩に報いるのだ。

白石は粋人で、おしゃれだった。身に付けるものにいつも気を遣っていた。小畑と佐倉は、白石がいつも素敵な靴を履いているのに気づいていた。おしゃれは靴から、と思っていた二人は、白石へのお礼にとびっきり上等のペッカリー革の靴を贈ったという。

といっても、世間の偏見が消えたわけではない。ある週刊誌が話を聞きたいと白石のもとに取材に来た。しかし、それは女子プロレスがエロだという先入観にもとづくものだった。

白石は激怒して声を荒らげた。

「女子プロレスがエロだというなら、東京五輪に出た体操のチャスラフスカはどうなんだ。水着姿だし、股を開くじゃないか」

週刊誌には、「チャスラフスカをエロだといった男」といった記事が出た。ベラ・チャスラフスカは一九六四(昭和三九)年の東京五輪で体操の個人総合と平均台、跳馬で金メダルを獲得した選手である。華麗な演技から「五輪の名花」「東京の恋人」とたたえられ、愛された。チェコスロバキア民主化運動にも携わったが、二〇一六年八月に七四歳で膵臓がんで死去した。

かなえられた二つの願い

テレビ放映が始まり、後楽園ホールでも試合をすることになった。小畑と佐倉にとって、ここで試合をすることも長年の夢だった。後楽園ホールはボクシングやプロレスなど、多くの格闘技興行が行われる「格闘技の聖地」だ。急なすり鉢状の会場は、収容人数は最大でも二〇〇〇人とそれほど大きくないが、独特の雰囲気がある。体育館とも違い、夜の風情というべきか、やや怪しげな雰囲気も醸し出している。ホールのある五階へと至る階段は、コアなファンがマジックで書いた落書きで埋め尽くされており、アングラな匂いが満ちている。客席の傾斜が急なこともあって、客席とリングの距離が近く思える。マイクのコールや歓声が客席やコンクリートの壁のあちこちに跳ね返ってこだまし、何倍にも響きわたる。多くの選手の汗と血と観衆の声援と歓声をのみこんできたのが後楽園ホールなのだ。

テレビ中継と後楽園ホールでの興行、二人の大きな夢が二つ、同時にかなった。スポンサーは参天製薬、一流企業である。メーンイベントの勝者には、参天製薬から現金の奨励賞に加えて、目薬や胃薬が一年分贈られた。薬局には「女子プロレスの目薬をください」と人々が訪れた。

好調な視聴率に、参天製薬は選手全員に色違いのガウンも作ってくれた。スタジャンのようなショート丈で、袖にはフリンジがついていた。背中には「参天製薬」のロゴ。名前のコールを受けて右腕をあげ、身をひるがえすとフリンジがぱらぱらとひらめき、ばっちりそのロゴがカメラに映るというわけだ。

すっかり有名になり、行く先々で「女子プロレスの小畑だ」と言われるようになって、ギャラの額もゼロが一つ増え、小畑は生活が一段と豪華になった。スターの自覚とプライドがそうさせた。

食事に行ったら、みんなが五〇〇〇円のものを食べていたら一万円のものを頼んだ。タクシーでも「ああ、小畑さんですね。すばらしいですね。がんばってください」「あの試合はよかったですよ。胸がすかっとしました」などと話しかけられると、釣り銭は受け取れなかった。

小畑は下駄が好きで、よく浅草を下駄履きでぶらぶらしていた。もちろん、桐の柾目《まさめ》の入った高級なものだ。それでもテレビ局から「「小畑が下駄を履いて歩いてる」と言われました。下駄履きでカランコロンと歩かないでほしい」と止められた。もちろん、サンダル履きもご法度だ。

試合会場には、「出待ち」をするファンがつき、追っかけも出現した。男も女も両方だ。バラを一〇〇本抱えた男性ファン、手編みのマフラーやセーター、人形を持ってきた女性ファン。地方に行けば米俵や樽の味噌、地方の特産品。ファンや宿泊先からの贈り物が殺到した。長崎の大村市で巡業をした時は、旅館が漬物屋をやっていたので、たくあんを何樽もくれた。もらいものばかりで往生するほどになった。

巡業をする時、小畑と佐倉の移動は電車、もちろんグリーン車だ。若い選手たちはマイクロバス。そういう時も、小畑は後輩たちに「ドライブインでカレーライスでも食べて」と、一万円札を握らせるのを忘れなかった。

テレビ放映の開始後、小畑の父の実家で疎開先だった群馬に「凱旋興行」した。冬だった。群馬といえば名物、空っ風だ。会場は前橋の市民体育館だったが、トイレが寒くて仕方ない。当時のことだから当然汲み取り式なのだが、下から風が吹き上げてくるのだ。用を足している間に、ひゅーひゅー下から寒さがやってくる。暖房設備もないから、お客さんたちはどてらを着こんでいたが、小畑の親戚たちは、一族の晴れの席だからと背広にネクタイを締め、一張羅姿で12チャンネルの用意してくれたリングサイドに陣取った。

一方、小畑らは当然のことながら、水着様のコスチューム姿だ。受け身をとると、吹きっさらしの床が凍るように冷たかった。体がしびれるほどの寒さだったが、故郷に錦を飾るためみじんもそんな気配は見せず、試合を務めたのだった。

「未知への挑戦」

白石の部下として運動部を支えた一人に、若松明がいる。若松は一九六四(昭和三九)年、東京12チャンネルの開局の年に新卒として入社した。最初は報道部に配属されたが、一九六七(昭和四二)年の運動部の誕生と共に異動になった。ディレクターとして、何でも手掛けたという。女子プロレスは直接の担当ではなかったが、運動部は総勢一七人の小所帯だったから、東京で女子プロレスの興行がある時は会場に出かけていって、あれこれ手伝った。

「リングサイドで見ているとすごいんですよ。リングにたたきつけるバシッ、バーンという投げる音とか、ものすごい迫力で。激しくてね。ああ、女子でもここまでやるんだって驚きました。きっちりとしたレスリングなんだと思いましたね」

白石一家の団結は非常に固かった。白石が退職した後も、「元気会」と銘打って毎年のように集まった。白石のことを語る若松は、今でもとても楽しそうだ。心はすぐに往時に飛ぶ。

「12」のロゴがあしらわれた、『テレビ東京　「スポーツ」の足跡』という小冊子がある。白石の命で、若松が一九六七〜八五(昭和四二〜六〇)年三月までの、スポーツ部の番組を年表にまとめたものだ。若松が記した「はじめに」にこうある。

テレビ東京運動部が誕生したのは昭和四二年(一九六七年)四月一日でした。白石部長(元専務取締役白石剛達氏)を中心に一七名の〝未知への挑戦〟が始まりました。連夜のプロ野球ナイター中継を皮切りにサッカー、ラグビー、テニス、バレー、ボクシング、女子プロレス、ローラーゲームなどあらゆるスポーツ分野に取り組みました。中継権の獲得は先発局の厚い壁に阻まれ、ビッグイベントが獲れず悪戦苦闘の連続でした。しかし部員全員の意欲と情熱、そして負けじ魂と若さがそのハンデを克服してきました。

番組名と放映日時、視聴率がきめ細かく、わかりやすくまとめられている労作だ。白石はこれを手に、講演や新人研修などでスポーツ部時代の思い出を語ったという。

白石はどんなに忙しくても、後楽園ホールでの興行は必ず試合を見に来た。花道の角に立ったままで。そこが白石の指定席だった。今日の試合はいいよ、という時は、笑顔でＯＫサインを手で作ってくれた。今一つ、という時は小畑や佐倉が視線を投げても目を合わせようとしなかった。

当時、ローラーゲームも人気があり、毎週のレギュラー枠で放送していた。小畑がゲスト解説者として登場したこともある。当時小畑がしょっちゅう行っていたハワイで、ローラーゲームにはなじみがあったからだ。

白石が八〇歳になった二〇〇九年、元気会でお祝いを企画した。若松らが幹事を務めたが、サプライズゲストとして小畑と佐倉に来てもらえたら、ということになり、若松が数十年ぶりで二人のもとを訪れて依頼した。もちろん二人は快諾だ。当日、それはそれは見事なバラの花束を抱えて、二人は会場のホテルに現れた。白石は大喜びし、感激の面持ちだったという。

白石剛達を囲んで。2009 年

「プロレスラーだからリングの上では歌えない」

人気が出た小畑は、歌を歌わないか、すなわちレコードデビューしないかと持ち掛けられたこともあった。全日本女子プロレスで一九七四（昭和四九）年にデビューしたマッハ文朱が『花を咲かそう』でレコードデビューするよりもずっと前である。しかし、小畑は「いやです」と断った。韓国を訪問して試合をした時など、日韓親善のセレモニーとしてステージで歌を歌ったことはある。それはいい。でも、レコードデビューをするのは違うと思った。自分はあくまでもプロレスラーなのだという誇りがあった。評価するのはプロレスだけにしてもらいたい。

「プロレスラーだから、リングの上では歌えないし、歌わない。そんなことをやるから、女のプロレスと言われちゃうのよ。私は断固としていやだった。プロレスには命を懸けてもいいと思っていたのだから。歌とか踊りなんて、プロレスが下手な人がやるのよ」

知名度が全国的に上がり、ファンも増える一方で、下品な客も会場に来るようになった。酒を飲みながら下品なヤジを飛ばすような輩《やから》だ。女子プロレスにエロやグロを期待しているのだった。

そういう時、二人はわざと場外乱闘に持ちこんで、客に手を出したこともあったという。対戦相手を場外に落とし、自分もリング外に飛び降りる。まず相手を目指す客のほうに飛ばしたあと、追いかけていき、ヤジを飛ばした客をばーんと殴る。

それを、小畑と佐倉は「ミステイク」と呼ぶ。ただ、派手にミステイクをしても、客が怒ることはほとんどなかった。選手に触られたことがうれしく、それだけで一種の興奮状態になり、「たたかれちゃったよ」と、喜ぶのだという。

白石もミステイクは黙認してくれた。二人の気持をわかっていたからだ。しかしそんな下品なヤジもレコーダーが拾ってしまう。むろんそのまま放映はできないから、制作はそのたぐいの音声を消すのが仕事だった。ビデオをチェックしながら、二、三秒の音声をエコライザーで消す。それが若松たちにとっては一苦労だった。しかし、彼女たちのプロレスがさらに知られるにつれ、そういったお門違いのヤジもなくなっていき、動員もしり上がりに増えていった。

小畑と佐倉はカメラのアングルが、スポーツ中継らしくなく、少しでもエロを強調している、興味本位だ、おかしいと思ったら、二人が経営していた「バー　さくら」の終わる深夜に、白石を電話で呼び出した。夜中の二時、三時のことだ。それから店の近くの言問通りあたりの終夜営業のサパークラブで白石に談判した。あのアングルはおかしい、いやらしい、やめてくれと、時には朝の五時まで延々と、切々と白石に訴えた。

「ちいちゃん、いいかげんにしてくれ。俺、寝る時間がないよ」

そう言いながらも白石は二人の気がすむまで、朝までつきあって、全部聞いてくれた。

突然の放映打ち切り

その人気番組もわずか一年三カ月で幕を閉じることになる。世間からの偏見ゆえといえるだろう。当時同局でお色気満載のドラマ『プレイガール』が放映されていたことも理由だった。東京12チャンネルは、もともと科学教育局として開局した経緯もあり、世間から批判されている二つの番組のうち、女子プロレスを打ち切ることになったのだ。一九七〇(昭和四五)年三月二六日が最後の放映となった。

最終テレビ収録には、凄まじい数の観客が殺到した。会場は満員、人がロビーにまであふれ入りきれない。

「入れろ!」「無理だ!」

ラッシュのようなおしくらまんじゅう状態となって、出入口のガラス戸が割れる騒ぎとなった。

小畑と佐倉は、白石から電話で放映終了を告げられた。

「女子プロレス放送は終わりになるんだよ」

何も言えなくなるほどに、ものすごい衝撃だった。悲しくてつらくて、どうにもやりきれなかった。なぜ？　どうして？　人気もあるじゃないか。あまりに理不尽すぎる。やっぱり、差別や偏見があるんじゃないか。ようやく、ようやく世間に認められてきたというのに……。

同年一一月に日本で初めてのウーマンリブ大会が開かれている。性的役割分担を否定し、女性解放を求めた。小畑と佐倉は、リブの運動に先駆けて抑圧から解き放たれた自由な女性の姿を体現していたといえるかもしれない。だが、それも熱狂を呼びながらも、テレビという舞台の上では長く続けることができなかった。

白石の約束

最後のテレビ放映が終わった後、白石は有楽町の店を借り切ってパーティをしてくれた。

「ご苦労さん。みんなには努力して、一生懸命やってもらったけど、こうなった」

挨拶をして右と左で小畑と佐倉と肩を組み、厳しいことで有名な白石が涙をこぼした。

「俺もがんばったけど、会社の方針で。俺に力がなくて、これ以上できなくてごめんな、ありがとな」

一見こわもてだが情に厚く、実は涙もろい男だった。

小畑も佐倉も泣いた。白石と抱き合って、わんわん泣いた。

「何で？　テレビは汚い！」小畑はそう白石を責めた。

「テレビは拾うのも早いけど、捨てるのも簡単、使えなくなったらすぐ終わりにする。こんなのひどい！　ひどすぎる！」

白石は言った。

「ちいちゃん、どこかで俺は何とかするから。必ず、もう一回、テレビ放映をするように努力するからね。もう一回、花を咲かせてやるから」

そのような口約束をするプロデューサーは大勢いるに違いない。ほとんどの場合、それが実現することはない。

しかし、白石は違った。

それから四年後の一九七四(昭和四九)年。国際プロレスを東京12チャンネルで定期放映することになった時、白石は女子部を創設することを提案し、実現させた。

白石から小畑にまた連絡があったのである。

「ちいちゃん、国際プロレスでやってくれないか。女子部をつくって。今度はカラーだぞ」

第2章

戦後復興と共に

――生い立ちからデビューまで

東京女子プロレスの制服を着て仲間たちと。右から6番目が小畑

隅田川のたもとに生まれて

小畑が生まれたのは一九三六(昭和一一)年の三月五日だ。東京の東側の下町、隅田川にほど近い吾妻橋の出身。ちゃっきちゃきの下町っ子だ。生まれは墨田区の吾妻橋だが、隅田川を挟んだ台東区、浅草っ子といったほうがいいかもしれない。

父は腕のいい印刷職人で、その頃は浅草の三筋《みすじ》あたりで印刷工場を営んでいた。二枚目の色男、粋人でもあって、しょっちゅう遊びに出かけていた浅草六区ではあちこちの店やら映画館やらでちょっとした顔だった。

浅草六区の繁栄は、浅草寺境内が浅草公園と命名され、一八八四(明治一七)年に街区が造成されたことに始まる。興行小屋や見世物小屋が浅草寺裏手から移転してきて、そこから賑わいを見せるようになった。一九二八(昭和三)年頃には劇場に演芸場、十数館の映画館があり、小畑が生まれた翌年には六区に隣接する地域に国際劇場が創設された。六区は人があふれて活気に満ち、劇場では喜劇や剣劇、女剣劇などが人気だった。

父は群馬出身、祖父は土地持ちで、牛を飼うなど手広く商売をしていた。父は長男だったが、道楽者でお金ばかり使うので出て行けと追い出され、やってきたのが浅草だった。

母との出会いは大阪だ。理由は不明だが、父はその時大阪にいた。母は奈良の吉野の生まれで、二歳で親が亡くなり、叔母に育てられた。手に職をつけようというので、大阪に出て住み込みで紳士服の仕立て屋で働いていた。夕方、店の周りを掃除して水をまいていたら、あやまって父にかけてしまった。

「いいよいいよ、お姉ちゃん、大丈夫だよ。……お姉ちゃん、洋服屋で働いてるのかい？」

いい男だな、と思って母親が話しているうちに、翌日待ち合わせをすることになった。初めてのデートの日、父は母にハンドバッグを買ってくれたのだという。やがて結婚。母は父について上京する。だが、いい男ではあったがプレイボーイの父に、母は苦労したことも多かったようだ。

小畑は九人兄弟の六番目だ。姉が三人、兄が二人、妹が二人、弟が一人いる。とても小さな赤ん坊で、産婆さんが取り上げた時に、足が大人の親指の先っぽくらいの大きさしかなく、「この子はこんなにちっちゃいから、もたないかもしれない」と言ったほどだった。それが頑健な女子プロレスラーとなるのだからわからないものだ。

小畑が幼い頃は事業も順調で、家も裕福だった。三歳と七歳の七五三では色鮮やかな晴れ着をつくってもらった。年子の次兄、正二郎は五歳の時に、サーベルを下げて将校姿となった。小畑たちは当時としては珍しく幼稚園にも通った。駒形橋のたもとにあった、寺が運営していた幼稚園で、グレーの制服だった。

遠足に行った時、指を大けがしたのを覚えている。汽車に乗り窓から外を見ていた。汽車が止まると、飛行機が見えた。「あ、飛行機、飛行機」と指をさしながら騒いだら、窓がばたんと落ちてきた。人差し指の先が、窓と窓枠との間にはさまった。あわてて、力づくで自分で引っこ抜こうとして、指の先が裂けてしまったのだ。教師が急遽病院に連れていき縫合してもらったが、父は大事な娘に傷をつけてと激怒して、教師をひっぱたいたという。

三人の姉のうち二人、七つ離れた文子と五つ離れた弘子は女学校を出てさらに英語学校に通い、米軍などの通訳をした関係で米国人と結婚した。弘子はアトランタに、文子と妹の清子はハワイに移住する。文子は二〇一四年に、弘子は取材中だった二〇一五年に病没した。

群馬での疎開生活

太平洋戦争が始まると、小畑はすぐ上の兄の正二郎と共に、父の故郷である群馬の前橋近くにあった叔母の家に疎開した。当時よくあった縁故疎開だ。週に一回、母が東京から食べ物などを持って通ってきてくれた。母がどの汽車に乗ってくるかわかっているから、二人でいつも迎えに行った。国鉄の上越線、群馬総社という駅だった。線路に耳をつけると、汽車が近づいてくれば、ガタンガタンと音がした。

母は一晩泊まって東京に帰る。さみしくてしょうがない。帰る時にも、別れを惜しんで泣きながら見送り、そして、線路に耳をつけて、音がしなくなるまで聞いていた。

東京から疎開してきた都会っ子は「東京っぺ」と言われていじめられた。一緒に住んでいたいとこにも意地悪をされた。柿の木に登ると小畑たちに「下で待ってな」と命じ、自分は甘い柿を独占して小畑たちには渋柿を投げた。一緒に疎開していた正二郎はおとなしかったから、売られたけんかはすべて小畑が買った。いじめっ子たちがやってくると、兄は「千代子(本名)、逃げるが勝ちだ」といい、小畑は「いやよ、私は逃げない。木に登ってて」と兄を木の上に避難させた。

赤いランドセルに三〇センチの竹の物差しをさして、けんかの時はそれを振り回して闘かった。五、六人に襲われたこともあり、そういう時はいったん手をひっこめて目をつぶってやられたふりをする。相手が気を抜いたとみるや、急襲し、次々にひっぱたく。相手が逃げると、石を投げた。一度、それが命中して相手の頭から派手に出血したことがあった。親が叔母の家に「おたくの千代子ちゃんが、うちの子の頭を切った」と怒鳴り込んできた。

「私たち東京っぺは身を守らなくちゃいけないのよ。足が速いから追いかけて、すぐにつかまえちゃうの。田んぼの中に逃げられても、私、やられて悔しいから追いかけていっちゃうもん」

そのうち東京は危ないということになり、他の家族も東京の実家から着物やタンスなど高価なものを群馬に運びこみ、さらに奥の柏木というところに引っ越した。母親と三つと五つ離れた妹たちの清子と正子、さらには一九四三年に生まれたばかりだった喜三郎も吾妻橋から疎開してきた。小学校が遠くなったので、父が兄と小畑に自転車を買ってくれた。小畑は赤、兄は金色だった。ぴかぴか光る新品の自転車だった。

吾妻橋の実家に住み続けていた姉の静子、文子、弘子、そして父は一九四五年三月一〇日、死者一〇万人を出したといわれる東京大空襲に遭遇している。一〇日未明に二時間半にわたり、B29三〇〇機が来襲、猛烈なじゅうたん爆撃が行われた。浅草はひどい被害を受け、浅草寺の本堂や仁王門、五重塔などが焼失、六区では松竹座や江戸館など、隣接地の国際劇場なども焼けた。「お姉さんの一人はラジオ、もう一人は傘を持って逃げたんだって。「何で傘か、ラジオか。ろくなもんじゃない」って今でも笑われてるよ。親父は布団。隅田公園に逃げて、布団を三人でかぶって木の下にいた。隅田公園には大きな防空壕があったけど、そこに入らなくてよかった。入った人はみんな死んじゃったの。朝になって驚いたって。死人だらけでみんな黒焦げ。自分の家まで五分くらいなのに、死体がごろごろ転がっていてなかなかたどりつけなかったって言ってた」

柏木にいったん全員で住んだが、東京大空襲の後、長姉静子が群馬の紡績会社の社長秘書の仕事を見つけたため、前橋の郊外にあった社員寮に、静子、文子、弘子と母、正二郎と妹二人、赤ん坊の喜三郎、そして小畑ら九人が落ち着くことになった。

大空襲を生き延びた一家

ところがそこも安全ではなかった。終戦間近の一九四五年八月五日、前橋大空襲が起きたのだ。前橋大空襲は五日の夜一〇時半頃に始まった。B29が市の中心部を来襲した。

「夜、空襲警報がウーって鳴って、それでみんなで防空頭巾をかぶって表へ出ると、線香花火が落ちる時みたいに焼夷弾が炸裂するのが見えた」。小畑が正子を、正二郎が清子を、そして母が喜三郎をおぶって逃げた。小畑は頭に何かぶつかるといけないというので、いざとなったらかぶろうと座布団も抱えていた。焼夷弾が落ちてくる中を走って逃げ、川に入って橋桁の下に隠れた。上空を見上げる。焼夷弾は最初シュルシュルと青い火を出すが、それがやがて赤い炎へと変わり、雨あられのように降り注いではあちこちが燃え盛った。

もう大丈夫、と思っておそるおそる外へ出た。と、そこに近くの畑へ焼夷弾が落ちた。バーン、と音がして、泥がはねてビシャーと顔についた。万事休す、もうだめか、と思ったが、幸いなことにその焼夷弾が燃え上がることはなかった。ふと見ると、脚がヒルだらけになっていた。川の中で吸い付かれたのだ。ぎゃーっ、とはらうと、脚は血だらけだった。

家は半焼だった。運び込んでいた桐の簞笥《たんす》も、行李の中に入れていた着物も、大半が燃えてしまった。よく覚えているのは、朝ごはんのためにと米をといであったお釜の蓋が燃えて、ご飯がたけて残っていたことだ。空襲の翌朝、家族みんなで食べた。「お腹がすいていたから、なんだかとてもおいしかった」と小畑は回想する。

前橋の空襲は死者五〇〇人超、被災した家屋も一万一〇〇〇を超えた。せっかく焼け残った着物類も、戦後の食糧難ですべて食べ物に換えてしまった。

終戦を告げる玉音放送は、群馬の社宅で聞いた。大人たちが「ちくしょう、何でもっと早くやめなかったんだ」とわあわあ泣いていて、子どもながらに戦争が終わったのだとわかった。

出征していた長兄の喜三《よしみつ》も無事帰ってきて、小畑家は東京と群馬、二度の大空襲に遭遇しながらも、誰一人戦争で欠けることはなく、生き延びた。小畑が九歳、小学校四年の時だった。戦後もそのまま疎開先の前橋に住み続け、東京に戻ってきたのは中学校の時だった。戻ってからは浅草の川向こうの向島に住み、墨田中学校に通った。戦後のもののない時代に、洋裁が得意だった母は、小畑には軍隊用の毛布からジャンパーを仕立てるなど、工夫を凝らしていろいろなものを器用につくってくれた。

小さい頃から運動会の主役

小畑は運動は大得意で、小中学校を通じて走ればいつもクラスで一番。運動会の主役だった。自信満々で、リレーでは目立つスタートかアンカーしか走らなかった。

「真ん中だったら、私は出ません」。宣言した。先生に「お前は勝つ自信はあるのか」と聞かれると、自信たっぷりに「あります。だから、アンカーにしてください」と答えた。「アンカーで負けたら、次には出してくれなくてもいいです」。そして約束通り、いつも勝った。

父親はそんな娘が自慢だった。小学校の時は、運動会ともなると印刷工場の若い衆を連れて見物しにやってきた。ござを敷いて、どっかと座り込む。稲荷鮨と海苔巻きの弁当を竹の皮にぎっしりと包んで持ってこさせる。

「一着じゃないとだめだ」。父はそう言い、その言葉通り、小畑が駿馬のようにぶっちぎりで一等賞をとると上機嫌だ。「おもちゃ屋行って好きなもの持ってこい。着物がほしかったら呉服屋行ってこい」と、大盤振る舞いが始まるのだった。

野球も大得意で、男子の中に一人交じって俊足を生かしショートで活躍した。ソフトボールではエースで四番の花形だった。ところが試合の前日に、祖母に行水を使わせてあげようと、金だらいにぐらぐらと沸騰した湯を入れて運んでいたところをつまずいてひっくり返し、両脚にザバンと湯を浴びて大やけどをしてしまった。祖母が一生懸命ジャガイモをすって、赤く腫れたところに塗りつけ、さらに効き目があるからとおしっこもかけてくれた。「女の子は、脚にひっつれができたらお嫁にいけなくなるからね」と。

翌日の試合には包帯を巻いて登板だ。しかし、ゴロをとった瞬間に包帯が皮膚と共にはがれてしまった。すぐに保健室で消毒、ひどくしみたが、おかげで跡も残らなかった。試合も大活躍で無事勝った、と小畑は笑う。勉強は得意でなくて、廊下で立たされたこともよくあった。

「私、お兄さんと間違えて生まれたの。つけ間違えて(笑)」

学校の帰りや土曜日に父親の印刷工場を手伝った。ラベルやうちわ、カレンダー。当時の印刷は機械ではなく手動だったから、刷るのを手伝ったり、インクをつけたり、子どもも立派な労働力だった。中学を卒業すると、そのまま印刷工場で働いた。

この頃、女性の高校進学率はまだ五〇％に満たない。義務教育を終えて働きだすのはごく普通のことだった。ましてや、職人、商工業の街浅草だ。親の商売を手伝うのはあたりまえだった。小畑が「あたりまえ」でなくなるのはこの先のことである。

プロレスとの出会い

運命を変えたのは、女子プロレスと出会ったことだった。小畑の女子プロレスとの関わりは、そのまま日本の女子プロレスの歴史と重なる。

女子プロレスが本格的に認知されたのは、一九五四(昭和二九)年に米国の女子プロレスラーが来日してからだ。ミルドレッド・バークとメイ・ヤングらが鳴り物入りでやってきて、蔵前国技館で三日間興行した。日本でテレビ放送が始まったのは一九五三年だが、小畑はこのバーク来日をテレビか、よく通っていた映画館のニュースで知ったらしい。ただ、この時点では興味を多少ひかれたものの、自分には遠い話だと感じていた。バーク来日に触発されて日本でもいくつかの団体ができたとみられる。その一つが、小畑が入門した東京女子プロレスだ。

東京女子プロレスをつくったのは、東洋興業を率いた松倉宇七だ。宇七はストリップ劇場の草分け、ロック座を運営していた国華興業を経て東洋興業を設立し、浅草フランス座を一九五一年に開いた。当時の浅草といえば戦後復興の真っ最中で、焼け野原からどんどん建物が建設され、映画にストリップ、芝居の劇場が立ち並び、大賑わいだった。

当時のストリップ劇場は、現在のそれとはまったく質が異なるものだった。かつてフランス座の文芸部員として勤めていた故井上ひさしが書いている。

そのころのストリップ劇場は、踊り子二十数名、歌手数名、喜劇俳優を十名以上も擁し、さらに十人前後の専属楽団を抱えた堂々たる劇場でした。こういう劇場も今はどこにもありません。客席数にしても三、四百席もあって、手本はブロードウエイのショウか、パリのフォーリー・ベルジェールのショウで、それに日本風の味付けをしたものでした。(中略)いわば当時のストリップ・ショウは、日本人の品性が今よりよほど高貴だった時代の大衆芸能の牙城でした。

(『浅草フランス座の時間』文春ネスコ、二〇〇一年)

ここに所属していたのが、俳優の故渥美清である。渥美は大宮、川崎などをへて一九五三年にフランス座に迎え入れられた。いったん肺結核の手術のためやめ、二年間の療養を経て一九五六年にフランス座に復帰している。すでに小畑が女子プロレスラーとしてデビューした後で、小畑はこの頃に渥美と遭遇している。

ミルドレッド・バーク

フランス座の楽屋に渥美が寝転んでいるところに、小畑が通りかかると、「おー、兄弟。どこか行くか」と声をかけられ、連れ立って出かけたものだった。「大勝館」に映画を見にいき、「玉川」というレストランでごちそうしてくれた。しかし、人気が出てテレビから声がかかった渥美は、退院して一〇カ月ほどの一九五七年、フランス座をやめて浅草を離れ、テレビへと進出する。テレビがめざましい勢いで成長していた頃だった。小畑がテレビ出演を果たすのは、それから一〇年以上たってからのことになる。

大相撲の力士だった力道山も一九五一年にプロレス修業を始める。一九五三年にテレビ放送が開始され、力道山の試合はテレビ放映されて大ブームを呼んだ。街頭テレビで人々は力道山とシャープ兄弟の闘いに夢中になった。力道山が追い込まれてから空手チョップで猛反撃する姿にみな熱狂した。その裏で、女子プロレスが誕生していた。そこに松浦宇七は目をつけたのだろう。ただ、力道山と男子のプロレスは多くのメディアに記録が残っているのに対し、女子については当時の記録もスポーツ紙のほかは散逸し、真面目に取り上げた文献はほとんどない。

男子と女子のプロレスで、この落差。当時の女性の地位の低さや世間の見方、偏見の大きさが窺える。そもそもガーター争奪戦が女子プロレスのルーツといわれていることからもわかるように、スポーツというより完全な見世物であった。もちろん、男子のプロレスにも見世物的要素があり、すべてのスポーツは見世物的要素を含む、といえる。

女子プロレスを目の当たりにしていた観客には、それがいかに面白く、凄まじく、かつ楽しいか一目瞭然だっただろう。しかし、当時のメディアに、鍛え上げられた肉体から繰り出される技の数々、厳しい鍛錬の末に見る者を魅了する技量、それと同時に女性らしいしなやかさ、美しさが両立することへの瞠目、畏敬や畏怖の念があっただろうか。色物、エロ、といった固定観念や偏見にしばられずに、女子プロレスを真摯にとらえることがどれほどあっただろうか。

また、女子プロレスは地方巡業で日本のすみずみまで廻っていた。高度経済成長期にさしかかっていたとはいえ、まだまだ娯楽が少なかった当時、地方の人々にとって女子プロレス観戦は年に数回のとっておきの楽しみの一つだったことだろう。地方巡業は芝居や歌手が主で、スポーツは珍しかった。

女子プロレスはスポーツであると同時に、日本の地域に根ざした、祭りや神事とも共通するような土着の芸能の一つにも位置づけられるかもしれない。神事に、魂に活力を与えて再生させる「魂振《たまふ》り」という儀式があるが、地域を廻る女子プロレスもまた、その役割を果たしていたのではないか。活力みなぎるそのレスリングで、一瞬人々を別世界にいざない、勇気や元気を与え、また今日からがんばろうという気にさせ、時に女神のごとくあがめたてまつられただろう。実際、彼女たちは興行に廻ると、よく「ありがとう」と声をかけられたという。

ミイラ取りがミイラに

最初にプロレスにひかれたのは妹の清子だった。一九五四(昭和二九)年、清子は高校に受かり、通っていたが、ある日学校から家に電話がかかってきた。

「清子さんが学校に来ていないんですが」

それで小畑が朝学校に行くと言って家を出る清子のあとをつけることになった。清子は市電に乗り、田原町で降りて歩いていくと、六区に入っていき、「東京女子プロレス」と看板のある建物に吸い込まれていった。これが小畑と女子プロレスの出会いだった。

清子は、新聞に出ていた女子プロレスの求人広告を見て行ったらしい。小畑がやめさせるつも

東京女子プロレスの仲間と。前列中央が小畑

りで道場をのぞくと、女子がバタンバタンと受け身を取ったり、投げたり、という練習をしていた。スポーツ好きの小畑は思わず興味をひかれて入っていった。骨格がしっかりして肩幅が広く、カモシカのような筋が入った脚で、見るからに運動神経のよさそうな小畑の体格は目を引いた。

「清子さんのお姉さんですか。いい身体していますねえ。ぜひ姉妹で入ってください」

そう声をかけられ、小畑はその場で入門することを決めた。

「よっしゃ、これは私に向いているだろう、って見て思ったの。誘ったのは専務だったけど、うまいことを言うのよ。これからは女子プロレスにうちの会社も全力をあげて広めていくから、なんてさ」

ミイラ取りがミイラになった小畑が帰宅し、入門することを両親に伝えると「あんな痛い、恐ろしい仕事はやらないほうがいい」と猛反対だ。女子プロレスだなんて、親からすれば驚天動地だろう。人さらいにあうくらいに思ったかもしれない。

だが小畑はすっかりやる気になっていた。「出て行きます」と、荷物をボストンバッグに入れるふりをした。両親はあわてて、とりあえず了承し、小畑は無事入門を果たす。両親はそう長くは続くまいと思ったようだった。そこで妹が一期生、小畑が一期生と二期生の間になった。五期生くらいまでは数カ月おきに募集をして、練習生は全部で五〇人ほどになった。

練習所があったのは浅草六区、「ボンジュール」という喫茶店のあったビルの二階で、そこに東洋興業も入っており、リングが作られていた。最初の一年はとにかく練習、練習、練習の日々だった。体操着を着て、朝、リングにやってくるとまず朝礼。それから準備体操をする。朝九時から一二時、一時間休んで、午後は五時まで。まずはひたすら受け身をとる練習だ。コーチに横向きや後ろ向きに倒されて受け身をとる。

畳のリングで受け身の練習

リングの床は畳だった。コーチ兼レフェリーだった木下幸一が柔道出身だったせいもあるが、畳に投げられ続けるのは本当に痛かった。木下が毎朝、「よし、いつものように一人ずつだ」と言うと、選手たちはリングの外に一列に並ぶ。それから一人ずつ、木下が次々に足払いしたり、投げたり技をかけていく。それを繰り返し、ひたすら受け身を取り続ける。

畳での受け身を重ねると、体中に青あざができる。洋服を着ていても、首のあたりが紫色になっているのが見える。皮膚の色が変わるだけではなくて、当然、痛い。あざができているところに、さらに畳に身を投げ出して受け身をとると、とびあがるほどの痛さだ。それで抜けていった仲間もいた。しかし小畑はやめようとはみじんも思わなかった。逆に発奮した。

「よおし、ここまで痛い思いをしてがんばるなら、絶対にやり抜こうと思った」

筋肉もだんだんついてきて、市電のつり革を握っていると力こぶが盛り上がる。見るからにただ者ではない。周囲の乗客からは、何をしている人だろう？　という不審な目で何度も見られた。

ドロップキックの練習には、ほうきを使った。ほうきを逆さにし、木下が自分の顔の高さくらいに掲げて持つ。それをめがけて、走って勢いをつけて跳び上がりながら蹴るのだが、初めからそう高く跳躍できるわけがない。通常、ドロップキックというのはリングに張ってあるロープの反動を使って跳び上がるが、木下はそれをさせなかった。最初から難しいことを教えたほうがいいという方針だった。その場で駆けて跳び上がる。その分、瞬発力や跳躍力も必要だが、ロープの助けもいらないし、即座に相手を倒すことができる。最初は五人に一人がほうきにあたるかどうか。しかも落ちる時には受け身をきちんととらなければ、畳に体が直撃して、これまた痛い。

小畑はドロップキックも楽にこなした。受け身も自分流に工夫した。通常、ドロップキックをしたあとはそのまま背面から落下して受け身をとることが多いが、小畑は空中で蹴ったあと、器用に身体をくるっと反転させて、うつぶせの状態で受け身をとった。

「そのほうが痛くないし、すぐ次の技にいけるようにね」

ボディスラムなどの投げ技を練習するようになったのは、半年たってからだ。初期の練習は地味でつらく、苦しくてきつかった。しかし、その基礎があったからこそ、のちに多彩な技を身に付けることができたのだと小畑は感じている。

限界を身体で覚える

少し慣れるとガチンコといって、相手と真剣に組むことをやらされた。けんか寸前、いや、けんかそのものである。これはプロレスではない。プロレスは決してけんかではないからだ。けんかで勝負をしたらエスカレートすれば殺し合いになってしまう。しかし、ガチンコ勝負をしたことが後で生きてくるのだという。「どこまでやったらどのくらい痛いかわかるから。受けるのも上手になるし、技をかける時も、それ以上は絶対にやらないという限界を身体で覚える」

プロレスとけんかの境界線がわかるわけだ。それでこそ客に見せる術も身に付く。そう小畑と佐倉は声をそろえる。

試合の流れを、「波」を考えろとも口を酸っぱくして言われた。芝居でも歌舞伎でも波がある。山があって平があって、そして最後に向けて急激に盛り上がっていく。プロレスも同じなのだと。客を沸かせなくてはいけない。

当初五〇人いた仲間たちは、厳しい練習の間に一人欠け、二人欠けしていった。

運動能力で抜きんでていた小畑はコーチに教えられる技を次々に自分のものにし、さらにプロレスの本を読んで自分でも技を研究した。フライングヘッドシザース、相手と組んだ状態から、思いきりジャンプして両足を相手の首にかけ、上半身を下に振って振り子のようにぶらさがって相手の手をとり、倒す技なども独学でマスターした。

ウエイトトレーニングもした。もともとパワーにも自信があった。実家の印刷工場の手伝いで重いものを持ったり、疎開した先で手伝いでリヤカーの後ろを押させられたりしていた。負けず嫌いの小畑は、朝誰よりも早くリングに行って一人で練習を繰り返した。夢でもプロレスの練習をした。電車で座って居眠りの最中、夢のなかでキックをしていたら、現実にも前の椅子をばーんと派手に蹴っ飛ばしていた。座っていた人は跳び上がっただろう。もちろん平謝りだ。

つらい時には将来を夢見た。

「今に一番になってやろう、お金をいっぱいとって、ピンクのキャデラックに乗ってやろう」

小畑は洋画が大好きで、当時の代表的な映画館の一つ、浅草六区の大勝館によく通っていた。椅子が少し高く白いカバーがついた二階の指定席がお気に入りだった。粋で遊び人、商売に成功した父は浅草の有名人だったから、映画館や演芸場の入口で「小畑です」と言えば入れてもらえた。ゲイリー・クーパーにハンフリー・ボガート、ジャン・ギャバンが大好きだった。

お金はまったくたまらなかった。デビュー前の給料は固定給で約六〇〇〇円、大卒男子の初任給が一万二〇〇〇円ほどだった時代のことだ。修行中の身としては決して悪くないが、すべて食べ物に消えた。ただでさえ食べ盛りの年頃、激しいトレーニングの後だからお腹もすく。「リスボン」に「百万ドル」、「峠」、浅草にはおいしくておしゃれな店がたくさんあった。カレーライス、オムライス、ハヤシライス、ピラフ、ナポリタンと次々に注文、あっという間にたいらげた。

レストランではつけが利き、給料をもらうと、つけを払って残るのは二〇〇〜三〇〇円で、「どうするの、これから先？」と言ってみんなで笑いあった。だからといって節約するのでもない。練習は苦しくても、みんなで素敵なお店でおいしいものを食べて笑えば忘れられた。

一年がたった時、待ちに待ったデビュー戦がやってきた。一九五五（昭和三〇）年のことだ。芸名は社長がつけてくれた。神主さんに姓名判断をしてもらったのだという。小畑千代と小畑紀代（清子）の姉妹となり、デビュー戦の会場は浅草公会堂だった。コーチの木下に「あがるから、お客さんをカボチャかジャガイモだと思え」と言われ、リングに上がった。

一五分一本勝負、ボディスラムにドロップキック、ヘッドロック。とにかく習った技を次から次へと繰り出した。結果は引き分けだった。

高度成長と共に始まった女子プロレス

小畑がデビューした一九五五年とはどういう年だったのだろう。

朝鮮戦争による特需景気は終わるが、いよいよ高度経済成長に突入していく始まりだった。自由党と日本民主党の保守合同があり、自由民主党となって長期政権が始まっていく。対する社会党との「五五年体制」だ。政治的にも安定して経済の時代へと移行していき、経済白書で「もはや戦後ではない」と書かれたのは翌年の一九五六年のことだ。日本中が上を向いて右肩上がり、昂揚感に満ちた時代だった。まさに日本の女子プロレスは高度成長と共に始まったのだ。

そしてもう一つ、女性の社会運動も目立った年だった。一九四七年に新たに施行された日本国憲法では第一三条で「すべて国民は、個人として尊重される」とし、第一四条で「すべて国民は、法の下に平等であって、人種、信条、性別、社会的身分又は門地により、政治的、経済的又は社会的関係において、差別されない」と、女性に男性と法的に平等の地位を保障した。また、第二四条では、「婚姻は、両性の合意のみに基いて成立し、夫婦が同等の権利を有することを基本とし」と、家庭での両性の平等を述べた。

これに基づき、刑法と民法も改正された。妻にのみ規定のあった姦通罪が削除され、戸主制度がなくなり、結婚や離婚は夫婦の自由意志によるものになり、夫婦は同権となった。法律で男女平等が整えられたわけだが、一九五五年頃には、それが具体的な女性の行動となって現れてくる。

一九五五年の六月、第一回「日本母親大会」が開かれ、全国から二〇〇〇人の母親たちが集まった。日々のくらしの困窮が訴えられ、話は原水爆禁止や世界平和にまで及んだ。ごく普通の母親たちが集まったが、その中身は社会色の強いものだった。原水爆禁止といえば、その一年前に、第五福竜丸がビキニ環礁で米国の水爆実験で被爆したことから、杉並区の主婦が原水爆禁止を求める署名をはじめ、このグループを中心に輪が広がり、最終的には三〇〇〇万筆を超えた。

日本母親大会は、一九五五年七月にスイスで開かれた世界母親大会に先立つもので、中心人物は戦前から市川房枝らと共に婦人参政権獲得運動で活躍し、「母親が変われば社会が変わる」と訴えていた河崎なつらだった。母親大会はそれから今に至るまで続いている。「母」を全面に出し、家庭が前提となっていたものの、女性の社会への関わりが本格化していったのだった。

その二年前には、市川房枝が参議院東京地方区で立候補、初当選を果たしている。女だって、自分の頭で考え、社会と関わりを持っていく。おかしいと思うことに声をあげ、行動する。一九五五年当時、女性にはそれが強烈に意識されていたのだ。「女が闘う」女子プロレスと時期を同じくしていたのは偶然ではないだろう。

「健康で、健全な娯楽」

デビューすると、給料は倍増した。地方へ巡業にも出た。新幹線がなく、飛行機も普及していない時代。電車に揺られ、関西、東北、四国へと廻っていく、会社から支給された制服に茶色の革製のボストンバッグを持って。移動して午後に旅館につくと、一休みしてから、試合開始は六時だった。時には観光を楽しむこともあった。四国では休みの日に四万十川で泳いだ。

制服は紺色のブレザーにズボンだ。色気も何もない。女子学生の制服よりもさらに禁欲的なスタイルだった。移動の時も、休みの時にまでそれを着るよう言い渡された。ちょっと暑いからといって袖をまくっただけで罰として試合に出してもらえず、減給となった。

「何しろ刑務所みたいよ。制服でしょう、そこらで男としゃべっていてごらん、すぐに誰かが会社に言いつけるんだから。そうしたら、社長室に呼ばれて二、三カ月の減給。給料が半分になっちゃうんだ。電信柱のところで牛乳屋さんとしゃべっていただけで」

この過剰なまでのストイックさは、当時まだ根強かった女子プロレスへの偏見を気にしてのものだったのか。もちろん酒もたばこも厳禁だ。後に、ビューティ・ペアやクラッシュ・ギャルズを輩出した全日本女子プロレスが男・酒・たばこを禁じ「三禁」と称されたが、ここにルーツがあるのかもしれない。練習用や試合用のコスチュームも会社が支給したもので統一されていた。スクール水着のような紺で、袖がフレンチスリーブになっていた。脚の付け根のところにはゴムを通して下着などが絶対に見えないようにした。とにかく健全、健康な娯楽。それが強調された。

次第にファンもつくようになった。試合後に囲まれて住所をせがまれたり、花、オルゴールとプレゼントを渡されたり、小畑は若い女性ファンが多く、会社にファンレターも来た。

女子プロレスは人気を呼び、いくつかの団体で対抗戦も行われた。メモリアルホールと呼ばれた両国国技館で王座決定戦も行われている。変わったところでは、巣鴨プリズンにも慰問に行った。言わずと知れた戦犯が収容され東条英機らの処刑が行われた場所だ。明治に巣鴨監獄として設置され、一九三七年に東京拘置所となった。敗戦後の一九四五年一一月に米軍が接収、多い時には二〇〇〇人近い戦犯を収容し、岸信介元首相やモーターボート競走の創始者、「日本のドン」と呼ばれた笹川良一もここに拘置されていた。一九五二年の主権回復後は日本に移管され、一九五八年まで使われた。今はサンシャインシティとなっている。

戦犯の男たちが、若い女たちのプロレスを見て泣いて喜び、拍手し、日の丸にサインして贈呈してくれたという。もはやその旗はどこかにいってしまったが、いったい、サインしたのは誰だ

俳優坊屋三郎と女子プロレスラーたち。左端が小畑

ったのか。小畑たちは試合後、独房についていた浴槽を使ったが、脚を曲げなければならないほどの小さなサイズで、「ここには誰が入ったんだろうね」とみんなで笑いながら入ったという。

芸能の仕事もくるようになった。東京女子プロレスのメンバーで映画に出たこともある。新東宝の映画でタイトルは不明だが、コメディアンの坊屋三郎と一緒に撮った記念写真が残っている。

得意技はロメロスペシャル

小畑の得意技は当時からロメロスペシャル、つり天井だ。仰向けの状態で、両手両足を使って、相手の体を天井のように持ち上げる華やかで派手な大技だ。メキシコ発祥の技で、小畑はこれをプロレス本で見つけ、日本では誰もやっていないからと取り入れた。しかもオリジナリティにこだわり、足のかけ方などを変えて独自のものを考案した。

飛行機投げも得意だった。相手を担ぎ上げて何回かぐるぐると回ってから放り投げるパワフルで豪快なものだ。後にはジャイアントスイングを取り入れる。寝転んだ状態の相手の脚を抱え、自分が独楽《こま》の中心のようになってぐるぐる回してから相手を放り投げる。平衡感覚が必要なテクニシャン向けの技だが、小畑は四〇回も回すことができた。

ところが佐倉は飛行機に乗るのが大嫌い。回転するのが苦手で、これらの小畑の得意技をかけられるのをいやがった。小畑が佐倉にジャイアントスイングをかけようとすると、「三回くらいまでは我慢できた」が、それ以上となると、「やめてーっ」と必死で叫んで、もはや試合や技どころではない。とにかく止めようと腹筋を使って起き上がり、小畑の首を無理やりつねり、ひっかいて阻止させた。飛行機投げも同様で、「いやなものはいや」と、はっきりしている佐倉らしい。

試合をどう組み立てるか。その日のお客さんがどんな人たちで何を求めているのかを判断して自分で流れを考えて盛り上がりの波をつくっていくものだ――。師の木下からそう言われたが、試合の構成は、フランス座をはじめ、浅草の演芸場で芸人たちを見て学んだ。

「八波むと志とか、昔は面白い人がいたものよ。八波さんの芸を見て、お客さんをいかにのせるかが大事だと、メリハリがなかったら何事もだめなんだと感じた。それで私は頭の中にいつもA、B、Cと入れてあるの。Aはまじめに一生懸命。Bはちょっとやわらかめに、時には軽くコミカルに、お客さんの笑いを誘ったり。Cはみんなでわーっと盛り上げる。その日のお客さんの層や、反応、盛り上がり具合を見て瞬時にＡＢＣのどれでいくか決める」

試合と練習の日々のなかで、身体を壊して三カ月入院したことがあった。体格のいい選手が入ってきて、上に乗っかられたのだ。「何貫目といったかな、白鵬みたいにでかかった」

後にその選手が引退して結婚してから、夫とケンカして取っ組み合いとなり、投げ飛ばしたら、壁に穴が空いたという。小畑は肝臓が腫れ、黄疸が出て即入院。病院に毎日差し入れを持ってお見舞いに来るファンの女子高生がいた。神田の老舗のそば屋の一人娘だった。小畑が大好きだった高価なイクラやら赤貝のお寿司やらイチゴジュースやら、勝手に食べるのは禁じられていたが、隠れてこっそりとたいらげた、と小畑は笑う。

国際通りの今は浅草ビューホテルのある場所に、通りの名前となった松竹歌劇団（ＳＫＤ）の本拠地、国際劇場があり、ダンサーたちとも知り合いになった。国際劇場は一九三七年に開場し、戦災を受けたものの戦後に再建、ＳＫＤだけでなく人気スターも多くここで公演したが、一九八二年に営業を終えている。

「たかが女の」というならやってやろう

一見、華やかな生活だ。とはいえ、練習は厳しく、つらい。周囲の普通の女性とはあまりに違う。スポーツといっても、闘うことを職業とするというのは「変わっている」という程度をはるかに超えて、「普通の女性」の極北にあるといっていいだろう。けがの危険とも隣り合わせだ。

将来の保障もない。それでもやり続けたのは、プロレスの何が小畑を魅了したのだろう。

「自分の体で答えが出る。女でしょう、私たちの時代には白い目で見られがちな格闘技をあえてやって、痛い思いまでしてやるんだから、一番になるまでやろう、と思ったの。女だからやりたいの。結婚して普通の主婦になるのは嫌だった。自分で答えが出したかった」

小畑がプロレスの魅力について語る時、そこには二つの側面がある。一つには「プロレスそのものの魅力」、そしてもう一つは「女だからこそやりたかった」という点だ。

前者は、自分の体一つで勝負できるシンプルさの魅力、そして苦しい思いをするからこそトップを極めたいという欲望、野心だ。

「自分の体で何でもできる、それができるのは格闘技だからこそ。そんな痛い商売はやめろって、親にも周りにもなんで？と言われた。それでも大好きだった。続ければ強くなる、相手に勝つ、一番になれる」

そして後者は、女性の自由な生き方がまだまだ限られていた時代に、ましてやプロレスのような、「闘い」という世間からも偏見を持たれがちな職業を生業とすることに対する自負と誇り、反発、そして愛情だ。

「マイナーだったからこそチャンスがあった。女でもこれくらいできるということを見せたかった。男のプロレスがあんなに人気があるのに、なんで女のプロレスが軽蔑されるのか。「たかが女の」とみんな思っているでしょう。よーし、たかが女というのならやってやろう、という思いがあった。よし、女でも絶対に世間に認めさせてやる、というのが私の道だった」
小畑は女子プロレスを一生の職業とすることに決めた。

ただ一度の恋

恋愛といえる恋愛をしたのはたった一度だけ。プロレスをまだ始める前、父の印刷工場を手伝っている頃だ。明るくて、スタイルもよい小畑はよくもてたが、本当に好きになったのは一人だけ、九つ年上の愚連隊だった男だ。おしゃれでチャコールグレーの服がよく似合っていた。

小畑はその頃よく、北千住に住んでいた長姉の家に子守りがてら遊びに行っていた。小畑が入り浸っていた喫茶店の、彼もまた常連だった。姪を連れて店にいた時、「いい男がいるな」と思って見ていたら、何かを感じたのか、小さな姪っ子がとことこ彼のもとに歩いていった。そこから言葉を交わし、付き合いが始まった。

仲間とくつろぐ小畑(右)。胸にTOKYOの文字が見える

しかし、彼はプレイボーイだった。ある日、東映の映画を見にいこうといつものように行きつけの寿司屋で待ち合わせをした。五時の

約束だったのに、五時二〇分を回っても来ない。冗談じゃない、と小畑は思い、寿司屋を出ると雨が降ってきた。あわてて傘を差して歩き出すと、角のところで向こうからやってきた傘とぶつかった。傘をあげると、彼だった。しかも、別れたと言っていた女と腕を組んでいた。前の前の彼女と、ダンスホールで鉢合わせしたこともあった。

もう我慢できない。小畑はそのまま長姉の家に戻ると荷物をとって、結婚して横浜・本牧の米軍住宅に住んでいた別の姉のところに向かった。するとその晩、米軍住宅まで彼がやってきた。その日はそこに泊まらせて、翌日、姉が「もう一回、二人で散歩してごらん」と言うので歩いた。

小畑の頭に浮かんで来たのは父親のことだった。父親は粋人だったが、やはりプレイボーイ。母は苦労していたし、泣く姿も見ていた。自分はこういうプレイボーイはやめようと決めた。その時、結婚はしなくていいと思ったが、プロレスと出会って思いは固まった。

「もう結婚しない。プロレスと結婚して、これ一筋にかけよう」

その男は、小畑がプロレスラーとなって浅草でお店を始めたあと、やってきたことがある。ぱっとドアが開いたら、とてもいい男が立っていた。でも、知らないお客さん、一見《いちげん》さんだし……と佐倉が思って小畑のほうを見たら、真っ赤になっていた。ああこの人がそうか、と以前話を聞いたことがあった佐倉はすぐにわかった。男は特に昔のことも言わず、小畑も言い出さず、きれいにのんで帰っていった。二度と店には顔を出さなかった。

こうして六〇年前、一九五五年のデビューから、闘う女の人生が始まったのである。

第3章

旅から旅へ
——地方巡業で見た日本

巡業中の駅で。中央が佐倉

東京女子プロレスの解散

東京女子プロレスは、しかし長く続かなかった。最初こそ注目されたものの、客足はそう時がたたないうちに伸びなくなった。おそらく設立から二年ほど、小畑と佐倉の記憶によれば、一九五七(昭和三二)年頃に解散となってしまった。他の団体も似たりよったりの状態だったようだ。男子プロレスに比べ、はるかに寿命が短かった。力道山はまだまだ全盛期だ。世の中は女子プロレスを受け入れる状況になかったし、選手たちもごく一部を除いては長く観客を楽しませることができる水準に達していなかったのだろう。

しかし、水準に達していた「ごく一部」はどうしたか。

柔道出身で東京女子プロレスの選手たちのコーチであり、レフェリーもしていた木下幸一は、小畑ら数人に声をかけた。「これからも続けるやつはいるか」

小畑と佐倉は迷うことなく手をあげた。

「じゃあ、これからは俺が頭になって仕事をとるから、やり直そう」

二人をはじめ一〇人ほどが残った。小畑の妹清子は、膝の靭帯を痛めてすでにプロレスをやめていた。

木下は、女子選手たちを引き連れて地方各地を巡業した。

小畑と佐倉にとって、プロレスを続けられる日々は楽しかった。まだ飛行機が一般的でなく、もちろん新幹線も走っていない時代。汽車や船を乗り継いで日本各地を廻った。公会堂、体育館、野外市場、運動場、講堂……。いろいろなところで試合をした。

女子プロレスが来る。それは街にとって一大イベントだった。「女子プロレス来る」とポスターがそこらじゅうに貼られ、街宣車が「女子プロレス、女子プロレス、女子プロレス興行が行われます！」と賑々しく走り回る。街は浮かれたつ。一種のお祭りだ。

地方巡業はよく客が入った。娯楽も少なかったその頃、多くの人にとって生まれて初めて、そして最後の生の女子プロレス観戦になっただろう。指折り数えて「プロレス」が来る日を待っていた人も多かったに違いない。鹿児島では、夜の試合に提灯をぶら下げてきていた客もいた。舗装されておらず、街灯もない道を家まで歩いて帰っていくのだろう。心の中は、女子プロレスを見た高揚感とうれしさに満ちていたはずだ。

リングは本式ではなく、応急の場合も多かった。畳を敷き、その上にマットを載せる。四隅に柱を立て、三つ編みロープをさらしでぐるぐる巻いて四方に渡し、柱に引っかけて締めた。

試合が始まると、みんな固唾をのんで、真剣に、一生懸命に見た。小畑ら選手たちも、喜んでもらおうと一生懸命に試合をした。できるだけたくさんの技を見せ、ファインプレーをし、全力を尽くす。

試合が終わり、花道を退場していく時、お金を握らせてくれる人もいた。千円札を何枚か渡して「牛乳でも飲んでください」と言うのだった。決して身なりがいい人たちだけではなかった。田舎のおじいさんおばあさんが、なけなしのお札を差し出してきた。いいものを見せてくれた、ありがとうというその気持を何とかして表したくて、チップを差し出してくる。

小畑たちもその場は受け取った。かれらの気持を無にするわけにはいかない。後で姿を探して返しにいった。しかし向こうも受け取らない。そういう時は、では、とありがたくもらった。

「牛乳をお腹いっぱい飲みます。ありがとうございます」

試合が終わった会場の外でも、よく客から声をかけられた。

「どうもありがとう、とても元気になりました」

「私は脚が痛いんですけど、今日は来てよかった」

壮年の女性から声をかけられて、小畑は膝にはめている自分のサポーターをその場で外した。

「じゃあこれを使ってちょうだい、このサポーターはとてもよくて治るからね」

女性は感激し、「ありがとう」と、涙を流して喜んだ。そして、遠慮する小畑に無理やりお札を握らせた。「いいから、いいから受け取って。気持だから」

行く先々で、その土地のとびきりおいしいものを食べさせてもらった。今のようにどこにいても、気軽によその土地のものを取り寄せられる時代ではない。「名産」が、その土地でしか食べられなかった。新潟ではお米ってこんなにおいしかったのか、というおにぎりをもらった。旅館には米が俵で届いた。島根の壱岐では魚介尽くし。アワビを二〇以上も食べて、気持悪くなったほどだった。客は男女が半々、女性の年齢層は中年が多かった。明らかに、後年ブームを呼んだ女子プロレスの客層とは違う。大人の健全な娯楽だったのだ。

ヤジを飛ばした客と「対決」

客と「対決」したことも何度もあった。それには二パターンあった。一つは客が下品なヤジを飛ばした時だ。女子プロレスを完成度の高いスポーツとして見てほしい、と願い続けている小畑と佐倉がそんなヤジを黙ってやり過ごすはずがない。

「もっと股を広げろ！」そうヤジを飛ばした男性客がいた。

試合中だった小畑は、それを聞きつけると、突如動きを止めた。試合を中断してリングを降りる。客はとまどうが、小畑は一直線につかつかとその客へと向かった。迷いはない。ヤジを飛ばした男の席まで行くと、にらみつけて鋭く言う。

「ちょっと、あなた表へ出なさい。あなたはこれを見る資格がないから」

「なんで」。男がびびりながらも言う。

「なんでじゃないよ！　じゃあ、口にチャックしろ」。怒鳴りあげた。体中から汗をしたたらせ、その湯気を立ち昇らせている小畑はほとんど、客につかみかからんばかりの勢いの仁王立ちである。試合中だったから、眼光鋭く、闘いのオーラを全身から発している。

「若い子が一生懸命、汗水たらして鼻血を出してやっているのに、何が股を開けだ、ばかやろう。お前がリングに上がってこい。私がやってやるから」

男は縮み上がり、もう何も言わない。文字通り、口にチャックだ。こんなふうに何か下品なヤジを飛ばした男には、小畑は必ず向かっていった。木下はそれを黙認した。小畑に突っかかられて、リングに上がってくる客はほとんどいなかった。

観客に見せて、そして勝つ

客との対決にはもう一種類あった。こちらは、木下自らがリングに客を上げて、小畑と対戦させたパターンだ。試合前に、木下がマイクを握った。

「お客さんでプロレスが八百長だと思う方がいたら、自信のある方は柔道三段でも結構ですから、どうぞここに上がってください。この女子と闘えると思う人は申し出てください」

上がってくる客がいたら、小畑はコスチュームの上にジャージを着て対戦する。三万円の賞金をかけた。昭和三〇年代、大卒の初任給が一万五〇〇〇円前後の時代だ。かなりの大金である。これはプロモーターが出してくれた。

「ただではやらないよ。冗談じゃない。けがをするかもしれないし、素人に落とされて、落ち方が悪くて首でも折ったら大変だもの」

一回で三人ほどが、手をあげたこともあった。

小畑は次々に相手をする。まず相手の動きを見てから封じ、それから関節技をかけるのが常だった。相手と四つに組むと、腕の逆をとる。そうすると動けなくなるので、腕や首を締め上げる。すると、「まいった」となるのがほとんどだった。

ある日、柔道着に黒帯を締めてやってきた客がいた。さすがの小畑もこれには緊張した。小畑はジャージの上から木下の柔道の帯を借りて締め、臨んだ。帯をつかまれたら終わりだ、と思った。帯をつかまれたら投げられる。その前に勝負を決めないといけない。

相手と組む。様子を探る。格闘家というのは、構えて相手と組んだら、その手応えで相手の強さやどう攻めたらいいのかがわかるのだと小畑は言う。相手を負かす方策が見抜けるわけだ。しかし、だからといってすぐに負かしてしまうのでは面白くない。客もつまらないだろう。見せ場を作らなければ――。それが、プロのプロたるゆえんだ。負けない。しかし、最終的に勝つとしても客を楽しませなければ意味がない。客が喜んでくれてこその自分たちなのだ。観客に見せて、そして勝つ。それでこそプロフェッショナル・レスラーなのである。

「ここまでは持っていけても、ここから先をつかまれたらやられるなってわかるの。こちらは女だし、があっとはつかまない。うん？　こいつは力がねえな、と思わせる。そこが手なんです」

まずは相手を油断させたところで、ささっと動き、黒帯氏に「まいった」と言わせた。賞金は結局、小畑の手に入るのだった。

試合中、「お客さんにはわからないように」やったこともあった。

たとえば、「たたむ」。対戦相手を徹底的にやっつけてしまうことだ。小畑と佐倉、二人の隠語だ。示し合わせてやるのだった。普段だったら、勝ち負けはあっても、けんかではないのだからたたきのめすことはしない。それだと「ガチンコ」になってしまう。プロレスは客に見せる、楽しんでもらうスポーツなのだから、私情をはさんではいけない。

だが、人間だから、ぶちのめしたい時もある。そういう時に「たたむ」のだ。タッグマッチの試合中に、目で合図する。こいつら、気に入らない。もう我慢できない。たたんでやろうか。

最初に出ていくのは佐倉だ。とどめの手前までやっつけて、小畑に代わる。最後には必ず、佐倉は小畑に花を持たせた。小畑がチャンピオンだからだ。といっても、客にはさとられないようにする。私的な感情はつとめて表に出さない。

アラウンド八〇歳の現在でも、二人はこの「たたむ」という言葉をごく普通に使う。

浅草のホテルで取材をしていた時のことだ。ホテルの若い女性従業員にあれこれ難題をふっかける客がいた。それを見ていた小畑がつぶやいた。

「何なの、あれ？　田舎者だね」

「ちょっと脅かしてきたら、ちいちゃん。たたむ？」と佐倉。

「たたみたい」。小畑はうずうずして、今にも出ていきそうな勢いだった。

旭川のおにぎり

木下幸一に連れられ、北海道に巡業に行った時のことだ。札幌や旭川といった大きな街ばかりではない。森町という函館の北にある内浦湾沿いの町から入り、富良野、上富良野、留萌、女満別、旭川などを一カ月近くかけて廻った。小畑によると、北海道は木下サーカスの木下光三一族が多くの興行を仕切っていたという。木下サーカスのウエブサイトには、クアラルンプールへの巡業で力道山と撮った写真も載っており、プロレス界とも付き合いがあったようだ。

旭川で木下幸一がお金をだまし取られた。この時は、小畑が万一に備えてリングシューズの底に隠し入れていたお金が役に立ち、それでみんなの切符を買って帰った。

お腹がすいたと、旭川の駅前で小さな食堂に入ることになった。しかしお金はわずかしかない。みんなでおにぎりを一つ頼んで、それを分け合おうと話していたら、食堂のおじいさんとおばあさんが、顔ほどの大きさもあるおにぎりを、人数分、握って出してくれた。おにぎりを割ると、中にはきれいなピンク色をした鮭がぎっしり詰まっていた。

「どうぞ、食べなさい。お金はいらないから」

東京に戻った後、小畑は「ありがとうございました」と礼状を書き、お菓子を送った。老夫婦からはすぐに返事が来た。「駅前の工事による立ち退きで、店はもうすぐなくなります」

それから一〇年ほどたって女子プロレスのテレビ放映が始まり人気が出た時に、芸能プロダクションとの仕事で再び旭川に来たことがあった。小畑と佐倉は身なりもよく、高級車で駅前に乗り付け、食堂のあったところに行ってみた。一度受けた恩義は大事にする二人だった。しかし駅前は区画整理され、ビルが建って店は跡形もなく、老夫婦にも会えなかった。

さて、旭川でおにぎりを食べてとりあえず腹ごしらえをして、それから東京まで電車と船を乗り継ぐ、長い長い旅路である。旭川からまず札幌に出て、函館に行き、連絡船に乗って青森からは列車だ。青森までたどりついた時点でお金はもうほとんど尽きていた。体が資本の彼女たち、何も食べないわけにはいかない。列車の中での食べ物代だけは残しておかなくてはならない。

そこで小畑が駅長室に向かった。「親が上野駅まで迎えに来ますから何とか乗せてもらえませんか」と頼み込み電話をかけてもらった。当時はまだ電話のある家は少ない。近所の米屋にかけて呼び出してもらい、小畑の母が上野駅までお金をもって迎えに来て、何とかことなきを得た。

ここで会ったが百年目

この話には後日談がある。木下のお金を握ってどろんした男を、小畑は捕まえたのだ。フリーでプロレスをしながら、浅草でお店を始めた頃だ。まだテレビ放映の始まる前、プロレスの後輩や、お店の女の子たちを冬の恒例だった水上温泉でのスキー旅行に連れていった時のことだ。

上野から特急に乗って、食事をしようと全員を連れて食堂車に行った。もちろん小畑のおごりで気前よくハンバーグを注文し、みんなで楽しく食べていたら、斜め前にどこかで見たことのある男が座っている。えーと、誰だったっけ……

あ、あいつだ！　木下先生のお金をだましとった、あいつだ！

ここで会ったが百年目。ここからが小畑の真骨頂だ。口をぬぐってやおら立ち上がり、男に大股で歩み寄ると、いきなりぐわっと胸ぐらをつかんだ。

「ちょっとあんたね。忘れたとは言わせないよ」

男は突然のことに声も出せない。力自慢の小畑は胸ぐらをぐいとひっつかんだまま、もう片方の手でベルトもむんずとつかみ、デッキまで男をずるずるひきずっていった。男はなされるがまま。佐倉が後見人よろしく、後をついていく。

「あんた、警察に訴えたくても住所がわからなかったのよ」

デッキに出ると、小畑はまず男のボディに一発見舞った。本当はこてんぱんにのしてやりたいところだが、ここは列車の中、そうもいかない。こらえて「タメ洗い」だ。身ぐるみはいで調べて、お金をすべて出させた。男は震えあがるばかり、何もできない。

「も、申し訳ない。あの時は、わけがあって、お金が必要だったんだ」

「何言ってんのよ、ふざけるんじゃないよ」

見るからに高価そうな腕時計をしていたから、巻き上げた。しかし、それだけではとられたお金にはまだまだとても足りない。保険証を持っているのを見つけ、それも取り上げた。

「お金を持ってきたら返してやる。あんたのおかげで、どれだけつらい思いをしたか。わかってんのか」

「一週間だけ、待ってくれ」

小畑は、一週間後に浅草の国際通り沿いの行きつけの喫茶店「しいの実」を待ち合わせ場所に指定した。そこならば小畑のシマだし、衆人環視だ。男もめったなことはできない。どちらかが大きな声を出したら、すぐに警察が呼ばれる。どっちにしたって、みんな小畑の知り合いだ。

「あんた、持ってこなかったら浅草にはもう二度と来られないよ」

男はその日、約束通りやってきた。小畑は知り合いの若い衆を二、三人後ろの席に座らせておいた。「私が手をあげて合図したらおいで」

もちろんそんな事態にはならず、見事お金は取り戻した。よくもまあ、あんなとっさの機転が回り、体が動いたもんだと、小畑は我ながら笑いが止まらなかった。

「ここで会ったが百年目」にはこんな話もある。二人の経営するお店で飲んでいた客が、店の公衆電話からどこやらにかけて、切るとやおら「もめごとだ。ママ、ちょっと待っててくれな」と出ていき、それきり戻ってこなかった。

数年たったある日のことだ。小畑は浅草でタクシーに乗って信号待ちをしていた。ふと窓から通行人に目をやると、あの料金踏み倒し野郎が横断歩道を渡ってくるではないか。

小畑は運転手に「ちょっと待ってて」と言い捨ててすばやく降りると、男のもとに駆け寄った。思い切り足を踏んづけて、胸ぐらをつかんだ。

「あんた、覚えているだろうね」

相手があっけにとられている間に有り金を取り上げて、身をひるがえしてタクシーに戻る。信号が変わり、何事もなかったかのようにタクシーは走り出す。この間、わずか一、二分だった。

木下との決別、インディペンデントの活動へ

木下はコーチやレフェリーとしての手腕は確かで、ギターもプロ級、作曲もこなす才人ではあったが、酒癖が悪く、気弱で交渉事も下手、ギャラを回収できないこともままあった。プロモーターとの酒席で酩酊し、相手との金勘定で合わないといきなり「金なんていらない」と相手を殴ったり、ギャラを飲み代に使ってしまったり、お金をなくしてしまったりして、小畑ら選手にファイトマネーを払えないこともままあった。興行師としては失格だ。

「すまない、ちいちゃん」。木下は、頭を下げた。

最初はがまんしていた小畑ではあったが、二、三年一緒に廻ったあとで、ついに堪忍袋の緒が切れた。佐倉と共に独り立ちすることを決める。木下に三下り半をつきつけたのだ。一九五八(昭和三三)年か、五九(昭和三四)年頃だったか。

「私たちは、辞めます」

そう、宣言した。

小畑は団体こそ旗揚げしなかったものの、女子選手たちを連れて全国を廻り、一本興行を打つようになる。リングやレフェリー、リングアナウンサーを手配し、地方のプロモーターと自ら交渉し、興行を売ってもらい、ギャラを受け取る。もちろん、興行の世界で相手は海千山千の男た

ちだ。設置するリングはかわいがってくれた水道橋のボクシングジムの会長が貸してくれた。練習は警察の道場や、当時は今よりもたくさんあった街の柔道場を借りた。

プロモーターには、たとえ女性であってもきちんと小畑たちを尊重し、契約した時、すなわち興行の前にギャラを全額くれる人もいた。だが、小畑たちが女だからとなめてかかる輩ももちろんいた。契約時に全額をよこさないプロモーターには、残りを踏み倒されないよう、試合が終わるのを待たず、最終試合の前、セミファイナルの時にギャラを渡してもらうようにした。

小畑と佐倉は、木下がギャラを踏み倒されて逃げられたのを何度も見ていた。その轍《てつ》は踏まないようにしようと誓っていた。自分たちが責任をもって、若い女子選手たちにもお金を払うのだから。もちろん、メーンを張るのはほとんどの場合、小畑だ。だから、コスチューム姿でプロモーターからギャラを受け取る。そしてメーンイベントに臨むのだった。

お金を取り損なったばかりか、「怖い目」にあったこともある。目つきの悪い男たちに囲まれて、すごまれたことも一度や二度ではない。入りが悪かったとか何とか、因縁をつけられる。そういう時は腹を据え、覚悟を決めて臨んだ。腕を組んで座り、男たちの顔をじっと見る。

「私たちは身体を張って商売をしているんです。お金を払わないというのなら、ここまでの試合はやるけどそこから先はやりません。どうぞ私を簀巻《すま》きにでも何でもしてください。その代わり、私が帰らない時は私の仲間が通報することになっています。あなたたちも終わりだから」

そう腹をくくると、たいがいの場合、ギャラを受け取ることができた。

二〇〇〇年代になってからは、女子選手が団体を離れて、フリーとして活動することは珍しくなくなった。携帯電話一つあれば、いつ誰にでも連絡がとれる時代だ。タブレットやスマホになって調べものも簡単にできるようになった。しかし、これは五〇年前の話である。携帯どころか電話すら普及しておらず、二五歳を過ぎて結婚せずに働き続ける女性自体が珍しかった時代である。

小畑と佐倉は、自分たちのことを「フリー」ではなくて「インディペンデント」と表現することにこだわる。独立、自主自尊。あくまでも独自に、自分の足で立ち、自分の意思で動く。男たちとわたりあい、対等に伍す。彼女たちは確かに独立していた。

小畑がリーダーで若手の選手たちを率いたわけだが、決して付き人のようにこき使うことはしなかった。この点が、のちの全日本女子プロレス(全女)などとは決定的に違う。全女は厳しい徒弟制で新人がベテラン選手について用事を引き受けた。時にはいじめも横行していたが、小畑らは若手に自分たちの靴下を洗わせもしなかったし、シューズのひもを結ばせることもなかった。

ただ、一つだけしてもらったことがあった。

蚊を追い払うことだ。小畑の血はおいしいのか、蚊の大好物だった。田舎の旅館に行った時は、寝付くまで枕もとで蚊に食われないようにうちわであおいでもらった。もちろんそういう時は、感謝のしるしに翌日に食事へ連れていく。好きなものを食べさせ、コーラを飲ませた。小畑の気前はよく、それでなくても若手を毎日のように食事に連れていっては、ごちそうしていた。

噴水のように噴き出す血

インディペンデントになってからは、それまで以上にさまざまなところを廻った。興行は水物、決して満入りの時ばかりとは限らない。半分ぐらいしか入らない時もある。それでも、絶対に手は抜かない。逆に小畑は「もっといい試合をしよう」と発奮した。客が少ないからといって手を抜いたらろくなことはない、と思っていた。

公民館のステージでは、リングを舞台と観客席にまたがって設営し、少しでもお客さんに見えやすいように、観客席側の柱を短くしたり、リングを高くするよう工夫したこともあった。

各地の米軍基地を廻ったこともあった。横田、座間、三沢……。座間基地では、将校クラブのホールにリングを組んで試合をした。通常、リングサイドには、口に含んだ水を吐き出したりするためのバケツが置いてある。佐倉はこのバケツを凶器に使うわけだ。だが、座間ではバケツのかわりに、トマトケチャップが入っていた灯油缶ほどの大きさの缶がリングの下に置いてあった。佐倉は、この缶を使って小畑を殴った。だが、缶はバケツよりもはるかに硬かった。

しかも、悪いことにそのなかでも硬い角の部分を頭に振り下ろしてしまった。それも全力で。いつもとは明らかに違う音がした。小畑の頭から、血が噴水のように、びゃーっと噴き出した。白いコスチュームが、見る間に真っ赤に染まっていく。小畑はタオルで患部と、血でぬるぬる滑る手をぬぐうと、そのまま試合を続けようとした。殴った佐倉が、あまりの血の量に驚いた。

「もう試合を中止して。お願い」

でも、小畑はやめなかった。プロとしての意地があった。やめるものか。お客さんに申し訳ない。最後まで決着をつけるのだ。しまいには傷口から血の塊が出てきた。

試合が終わってすぐ、米軍基地に併設されている病院に行った。その場で髪を丸刈りにして、傷口を七針縫った。皮膚の下深く、組織まで切れて、病院に着く頃にはその中の脂肪がもりあがってきていた。しかしそれでは縫えないから、脂肪をはさみで切って、外側の皮膚をひっぱり合わせて縫ったという。頭をひどく切ったあくる日が、品川公会堂(当時)での試合だった。絆創膏を貼ってはいたが、すぐにはがれて糸がぱらっと切れて傷口が開き、また派手に出血した。

米軍では血を流してまでグッドファイトをした、ということで気に入られ、それからしばらく月一回、座間基地で興行をした。将校クラブに招かれ、初めてハンバーグとフライドチキンを食べ、以来大好物になった。洋式トイレの使い方がわからず、最初はタンクに向かい合うように、洋式便座の上に乗って使用した。

ひばりの誕生パーティで試合

大スターの美空ひばりとも縁があった。

横浜でのことだ。フライヤージムといわれた、米軍の体育施設だったところでも試合をした。フライヤージムは、最初は伊勢佐木町にあり、接収解除で今の横浜公園の場所に移築された。

横浜での興行は、その地が本拠地だった河合ボクシングジムの初代会長の河合鉄也がプロモーターを務めることが多かった。試合が終わると河合はいつも、中華街の有名店「同發」に繰り出して北京ダックを食べさせてくれるのが常だった。

ある日のこと、試合を終えて小畑たちが河合会長と話していると、小柄で眼鏡をかけ、マフラーを巻いた男性を「あれが美空ひばりの父親だよ」と教えてくれた。ひばりの父は河合会長と仲がよく、女子プロレスを好きだったことから、実家の栃木県今市に興行に行ったことがあった。ひばりの父が、「地元に花を咲かせるというので」行ったのだという。その時トラックが途中で事故を起こしてリングが届かなかった。ひばりの父の機転で、柔道場の畳をどこからか一八枚調達し、鳶職《とびしょく》に四隅に柱を立てさせてロープを張って間に合わせたのだった。

横浜・磯子の高台にあった美空ひばりの家、いわゆる「ひばり御殿」で試合をしたこともある。一九六五〜六六年頃かと思われる。豪壮なひばり御殿には、鶴田浩二、大川橋蔵、萬屋錦之介と、並み居るスターが勢揃いしていた。見晴らしのよい広大な庭にリングを組んで試合をした。

試合が終わって風呂に入っていると、浴室のドアが開いた。美空ひばり本人だった。

「お料理がいっぱいあるから、どうぞ食べてください」

そう言うと、ドアは閉まった。「私たちはひばりちゃんに裸を見られたの(笑)」

フライヤージムでは、一九六八年にテレビ放映が始まった後にファビュラス・ムーラと試合をしたことがある。ムーラの反則攻撃に観客が怒って総立ちとなり、「ぶっ殺すぞ」など物騒なヤジで騒然となった。彼女の身が危険だということで、車を体育館に横づけにしてそのまま外に出た。フライヤージムは一九七二年に取り壊され、その後に建てられたのが横浜スタジアムだ。

その頃、人気者だった力道山に「試験」されたこともある。一九六一(昭和三六)年、渋谷に総合スポーツレジャー施設のリキ・スポーツパレスがオープンする少し前のことだ。外国に遠征するのに、女性も連れていきたいからということだった。

パレスはまだ完成しておらず、雨上がりの日でフロアが泥で汚れていた。若い衆が泥をモップでふいていたところに現れた力道山は、「何だ、俺が来るから掃除をしたのか」と、若い衆をばーんとはたいた。集まったのは、佐倉、小畑に加え、巴ゆき子や吉葉礼子など全日本女子プロレスの面々だが、結局全員落ちた。佐倉と小畑は背が低すぎるということだった。

「力道山は、女子が嫌いだったからね」

田舎のラブホテル体験

地方巡業での楽しい思い出はたくさんある。宿屋代わりにラブホテルに泊まったことがある。台風で目的地まで行けず、やむを得ずプロモーターがとってくれたのだ。そこは田舎だったが、旅館よりも洋風のほうがいいだろう、と気をまわしてくれたらしい。昭和三〇年代半ばのことだ。

畑の真ん中に建っていて、独立したバンガローのような小屋が一つ一つの部屋になっていた。小畑が足を踏み入れると、真ん中にダブルベッドが置いてあった。スイッチがついていて、恐る恐る押してみるとごとんと音がして、ベッドの真ん中が毛虫がのたうつようにうごめきはじめた。

「わ、動いた動いたー!」

もう、みんな大騒ぎの大盛り上がりだ。「あんたの部屋はどう?」と、お互いに行ったり来たりした。今よりもずっと、ラブホテルに入るのがハードルが高かったであろう時代。メディアも発達していないから、情報も行きわたっていない。二〇代の女性たちは、好奇心の塊になった。ダブルベッドに横たわってみた。

すると、天井に自分の姿が見えた。鏡だ。キャーキャー、大興奮。手がつけられないほどの大騒ぎとなった。浴室はガラスの向こうにあり、マジックミラーになっていた。寝室から浴室は見えるが、浴室からは見えなかった。何度も浴室に行ったり、今度は寝室に戻ってみたり。「見える?」「見える」「見えない」と「実験」を繰り返した。従業員が「ここらの人が、トラックにクワ積んだままで来るんですよ」と話していたのを小畑は覚えている。

ラブホテルといえば、一九六八(昭和四三)年暮れからテレビの仕事で地方を廻るようになった時にも、鹿児島の枕崎で泊まったことがある。今度のラブホテルは、時代が進んだせいか、以前に入ったところと比べて大いにゴージャスだった。ベッドは巨大で広々として、寝転んでみるとスプリングがよくきいて、ふかふかだった。そして今度はベッド全体が、があっと回った。いわゆる回転ベッドだ。お風呂はジャクジーでお湯を入れると何色にもライトアップされた。

児童養護施設で子どもたちと

まだら模様の日本

この頃、小畑と佐倉は折にふれて足立区にあった児童養護施設を訪れていた。ぬいぐるみやお菓子をプレゼントし、握手やサインをした。少しでも子どもたちに喜んでもらいたいという思いからだった。一九六八〜七一年に連載され、人気を博した漫画『タイガーマスク』を彷彿とさせる。タイガーマスクは施設出身で、プロレスラーとして成功してから施設に寄付を続けていた。二人には家族があったけれど、周りには戦災孤児もいたから、寄付をし続けたのだった。

一九六四年一二月二四日号の『週刊大衆』に、「肉体相打つ女プロレスラー生活」と題して佐倉と小畑、二人を扱った記事が出ている。小畑と佐倉が登場し、キャバレーでの興行の様子や来し方、プロレスの魅力などを語っている。一九六四年といえば、東京女子プロレス解散後、木下幸一とも別れ、インディペンデントとしてあちこちを興行してまわっていた頃だ。

「(キャバレーのショーだから、どうせたいしたことはないだろう。デブッチョの女がドタバタあばれて、あげくのはてにオッパイのひとつふたつ出してみせる、――そんなふうにエロでグロなんだろう)と想像していました。失礼しました。最初にまず以上の想像がまったくの誤解であったと謝ります」

そんな書き出しで始まり、彼女たちのプロレスがいかにパワフルで技巧にあふれ、観客を沸かせ、上質なエンタテインメントとしての面があるかを紹介している。記事では、一時は全国に二〇〇人近くいた女子レスラーが、今は二〇人もいないと書かれている。小畑のコメントではさらっと「沖縄や韓国など、娯楽施設やテレビがまだあんまり普及していないところへ行くと、ものすごく熱狂的に見てくれるんです」と、かの地に行ったことも言及している。

地方巡業は、小畑と佐倉が女子プロレスラーとして活動した時代を通じて続いた。それは、日本が戦後から抜け出して高度成長を成し遂げた時代とちょうど重なっていた。夜行列車から新幹線「ひかり」「こだま」が走り始め、飛行機に人々が乗るようになった頃だった。

各地に体育館や公会堂ができていった。しかし野外の広場もたくさんあった。急激な都市化と、田舎のままの地域とがまだら模様の日本だった。女子プロレスもまた、闘いという人間の原始的な営みをショースポーツに昇華させ、土俗的でありつつも、女性が行うという華やかさ、ファッショナブルな面を併せ持つという不思議な魅力があった。人々の娯楽がまだ数少ない時代に、日本のあちこちを駆け抜けた二人は、多くの人々に楽しみを提供し続けたのだった。

第4章

命の限界を出し切って

——盟友、佐倉輝美

佐倉輝美

「お前にぴったりの仕事がある」

佐倉輝美は小畑千代と共に、女子プロレスの創成期を作り上げたレスラー。小畑の半世紀以上にわたる盟友だ。名タッグパートナーであり、一緒にバーも経営していた。今や家族以上の存在である。

小畑がその年代の女性としては大柄で短髪かつ化粧も薄く、ナチュラルな雰囲気なのに対し、佐倉は小柄でロングヘア、化粧もあでやかだ。和服が大好きで、指にはいつもきらびやかなダイヤが光る。パワーファイターの小畑に対し、佐倉は俊敏さや柔軟性で勝負する。紋切り型の表現でいえば、「女豹」だ。しなやかにしたたかに、眼光鋭く、ムチのようにしなりながら、スピード感あふれるテクニックを披露する。気性は佐倉のほうが小畑よりも相当、激しい。現役時代はバケツを相手に振り下ろす「バケツガール」として知られた。今でこそ珍しくない凶器攻撃だが、それを昭和三〇年代に女子がやった時の衝撃はいかばかりだっただろうか。元祖凶器攻撃だ。悪闘美ともいえるだろう。間違いなくヒール、佐倉以降の女子プロレスにはこの系譜が存在する。

佐倉は一九三八(昭和一三)年に東京の足立区竹ノ塚に生まれた。当時の竹ノ塚は田んぼの広がるのどかな田園地帯だった。生家は板金業を営んでおり、九人兄弟の六番目。小畑より二歳年下だ。身長一五三センチと小柄だが、運動神経は優れていた。瞬発力、柔軟性、スピードに秀でており、中学時代は陸上の短距離が得意で、校内での記録も持っていた。唯一、得意でないものは水泳だ。泳げない。ハワイや港区芝のゴルフプールによく通っていた頃も、ゆっくり肌をやいてただリラックスするのが専門。水着を着てビーチやプールサイドに寝転んでいるばかりだった。スポーツが得意なのは兄弟全員で、長男は剣道の使い手、次兄はボクシングをしていた。

中学を卒業すると、家がそれなりに裕福だったこともあって進学も就職もせず、ぶらぶらしていた。弟が柔道をしていたのに影響されて、柔道の道場にも通っていた。

ある日のこと、夕食の時に兄の一人が新聞を見て「お前にぴったりの仕事がある」と言った。それが女子プロレスラー募集の広告だった。「柔道とボクシングの中間のスポーツ」とあった。

へえ、と手に取ってみた佐倉は、柔道をやっていたこともあり、軽い気持で広告を出していた東洋興行を訪ねた。実技テストはなく、面接だけだった。佐倉はかわいらしい顔立ちで、見るからに俊敏そうではあった。「家族構成は？」「スポーツは何をやっていましたか」などと聞かれたうえで、「体は小さいけど採用しましょう」と、即決まった。一九五四(昭和二九)年頃のことと思われる。すでに小畑は入門していた。

浅草六区のど真ん中、「ボンジュール」という喫茶店の上が道場で、しばらくすると国際通りの反対側に移転した。佐倉は竹ノ塚から浅草まで、東武電車に乗って通った。

初めて道場に行った日、佐倉は水着姿で練習する少女たちを見て衝撃を受けた。まだまだ女性が肌を見せるのは珍しく、「売られちゃうんじゃないかと思った」という。プロレスラーとか何とか調子のいいことを言って、香港あたりに売り飛ばされるのではないか。水着といっても色は紺色、袖はフレンチスリーブのローレグで、スクール水着よりも露出度が低いようなごくごくおとなしいものだったが、それでも、当時としては胸が大きく開いているように見え、思い切ったスタイルだった。心配だったが、好奇心のほうが勝った。「大丈夫かしら。でも、自分がしっかりしていればいいや」と、練習に通い始めたのである。

強くなりたい、上手になりたい

負けん気の強い佐倉は、日々無我夢中で練習を重ねた。一緒に入った少女たちには負けたくなかった。プロレスは受け身が基本だ。毎日毎日、人より朝早く来て、固い畳に背中を打ち付けては受け身の練習をした。全身打ち身、あざだらけだ。最初はなかなかうまくならない。けれども、諦めようとは思わなかった。体が小さいことも、より闘志に輪をかけた。つらい時には「なめられるもんか。強くなりたい、上手になりたい」。そう呪文のように唱えた。こんなに小さくたってこんなことができるんだ、それを見せたい。いつもそう思っていた。

そんな佐倉の態度は時に生意気に映った。先輩からにらまれたことがある。佐倉ら新入りが先輩に水を入れたバケツと手拭いを持っていった時のことだ。シャワーなどないから、手拭いを濡らしてそれで体をふくのだったが、ある先輩が佐倉に、唐突にナスを投げつけた。なぜ道場にナ

東京女子プロレスの仲間と。前列右から２人目が佐倉、１人おいて小畑

スがあるのかよくわからないが、ナスは佐倉の体に当たるとコロコロと転がっていった。

「さくらちゃん、それを取って」。むっときた佐倉はお返しとばかりにナスをぽーんと先輩に投げた。本来ならば、先輩に手渡しにいくことを期待されていた場面であろう。だが、佐倉は投げてよこした。売られたけんかを買ったのだ。

「ちょっと、小畑さん、あの新人の佐倉ってやつ、生意気なのよ」

先輩はたまたま横にいた小畑に話しかけた。すると小畑は「あれはあんたが悪いよ」と言った。

小畑は佐倉の味方をしてくれたのである。佐倉は後日、小畑にお礼を言いに行った。

「この間はありがとうございました」と頭を下げた。これが、二人が最初にきちんと言葉を交わした場面である。

当初佐倉が仲良くなったのは妹の紀代だった。小畑は練習が終わると、すたこらさっさと一人で浅草の街に消えてしまうからだった。佐倉と紀代は連れ立ってよく一緒に帰り、二人で練習の後、松屋デパートの近くにある甘味屋に通った。そうして佐倉は浅草駅から東武線、紀代は都電で帰るのだった。

そのうち、先に入門していて上達の早かった小畑が「道場に早く出てくれれば教えてあげる」と声をかけてきた。佐倉は喜んで教えを請うことにし、小畑は基本を全部教えてくれた。

たとえば、ごく初歩の投げ技で首投げというものがある。相手の首のところを両手で持って投げる。投げられるほうは空中で前方に転回して背中から受け身をとる必要がある。基

中央が佐倉

本の技だ。うまく投げられるためにはまず、前方転回の練習を重ねなければならない。馬跳びの要領で体をかがめている人を飛び越えて、前方転回をするのだ。小畑はその練習に付き合ってくれて、「うまく空中で回るためには、自分の太ももを押さえて、ぐるっと回るといいよ」とアドバイスした。

一度、佐倉が小畑を実家に連れていったことがある。佐倉の父は気難しくて友人を連れてきても不愛想、挨拶をしても返事すらしないことが多かった。ところが、小畑は気に入られた。

小畑は訪問する前に、「お父さんは、何か好きなものはあるの？」と、あらかじめ佐倉に聞いた。佐倉が「甘いものかな」と答えると、小畑はチョコレートと森永のキャラメルを買っていった。佐倉の家に行くとまず、玄関で父親にお土産を差し出し、「お世話になります」と挨拶した。すると佐倉の父はこう言った。「輝子(佐倉の本名)、なぜ中へ入れないんだ」

佐倉が小畑の家に遊びにいったこともあった。手先の器用な佐倉は印刷工場を手伝って、また何かと気働きもし、すぐにこちらも気に入られた。どんどん仲よくなり、佐倉の成人式の着物は小畑が買ってあげた。もう二人で興行を始めて全国を廻っている頃だ。大事な相棒の記念日のプレゼントだからと小畑は奮発した。茶のシックな着物と、純白のフォックス二尾のショール。小柄な佐倉には、ゴージャスなほうが映えると思ったのである。当時で三〇万円以上もした。一九五八(昭和三三)年、サラリーマンの平均月給は一万六六〇八円、その約二〇倍とは豪勢だ。

さすがの佐倉も度肝を抜かれた。「目をむいたわね、こんなことをしてもらって」

それが、佐倉にとって初めての着物だった。以降、着物が好きになり、着物道楽が始まる。

右手の薬指がない！

佐倉の得意技は瞬発力と跳躍力を生かしたドロップキックだ。ロープの反動を利用するだけではなく、天性のバネで自分の身長ほどにその場で跳び上がって、あごの下を両足で勢いよく蹴り上げる。すると、体の大きい相手でも小気味よく後ろにひっくり返った。

「私は力がないから投げ飛ばすことはできないけど、キックなら、私の三倍くらいある人でもぽーんと飛ばせるから。それがすごく爽快、気持よかった」

体の柔らかい佐倉は、回転エビ固めなどの回転技や受け身も大の得意だった。だから投げられるのは嫌いではない、というよりも好きだった。次から次へと投げられても、くるりと猫のように回って着地するか、うまく背面で受け身をとってダメージを最小限にした。受け身は上手な選手がやると、ほとんど痛さはない。逆に失敗すればケガをし、命の危険にもつながるような時もあって、優劣で差が出る。器用さを生かした小技系も得意だ。たとえば、走ってくる相手の足を自分の脚ではさみこんで倒すカニばさみなどもお手の物だった。

「小さいし、木の葉みたいに投げられちゃう。でも、小技でも足をねらえば大きい人を倒せる」

体が大きくなくても、パワーがなくても、工夫すれば自分より大きい相手を倒せる。それも、プロレスの魅力だった。

だが、リングで大けがを負ったこともある。もう東京12チャンネルの中継が始まっていた頃、台東区体育館(現・台東リバーサイドスポーツセンター体育館)での試合だった。小畑とチームを組んだタッグマッチで、相手は外人だった。

相手に上を向かせてロープに両手をはさむ。脚を小畑が押さえて、小畑の肩を馬跳びのように越えて相手にヒップドロップを浴びせる技をしようとして、勢いがつきすぎて着地に失敗、右手から地面についてしまった。運悪く、薬指だけが伸びた状態でマットに激突した。

ボキボキッ。そして、ぐにゃっ。

なんとも形容のしがたい、いやな音がした。右手の薬指一本に、スピードのかかった佐倉の全体重をかけてしまったのだ。いくら小柄な佐倉とはいえ、加速度のかかった全体重をかぼそい薬指一本で支えられるはずもない。

はっと見ると、右手の薬指がない。え？　もう一度よく見ると、薬指がぐにゃりと手の甲のほうに根本から折れ曲がっていた。付け根から白い骨が露出している。かーっと熱い。痛いというよりもひたすら熱かった。とっさに頭に浮かんだのは「指が一本なくなったら嫌だ」ということだった。「わあーっ」と叫びながら、夢中でレフェリーに走り寄った。「げっ」。長い髪を振り乱して狂ったように駆け寄ってくる佐倉に、男性のレフェリーも動転し、腰が引けている。

誰も頼りにならない。そう思った佐倉は、思い切って自由になる左手でそっくり返った指を思い切って逆に返した。瞬間、真っ赤な鮮血がまるで噴水のように勢いよくびゃーっと噴き出した。

「テリー（佐倉の愛称）、このハンカチきれいよ、使って！」

とっさに、最前列で見ていた顔なじみの観客が、きれいな白いハンカチをリングに投げ入れてくれた。佐倉はそれを左手と口を使って器用に右手の薬指にぐるぐる巻きつけた。とりあえず止血して、試合を続けようと思ったのだ。

「（リングを）降りなさい」

「降りな」

東京12チャンネルのプロデューサー、白石剛達と、小畑が口々に言った。

「いや!」

佐倉は激しくかぶりを振って、構わず試合を続けた。けがをしてやめるんならプロじゃない。意地でも続けてやる。血がしたたらないように右手は心臓よりも上にあげていた。そして、左手だけでバケツを相手の外人の頭めがけて思いっきり、振り下ろした。得意のバケツ攻撃だ。外人の頭も切れて、こちらも流血騒ぎだ。あちらもこちらも血だらけ。凄惨な試合となった。誰が通報したのか、救急車が二台やってきた。試合後は病院に搬送されて治療を受けた。

次の日は北海道で試合だった。だが、当然のように休まなかった。休もうとは微塵も思わなかった。プロなのだから、楽しみに待っているお客さんを裏切ることはしたくなかったのだ。包帯をしたままリングに上がった。対戦相手の外人は、ここぞとばかりに包帯を巻いた指をねらってきた。もちろん、縫ったばかりで何かに少しふれただけでも激痛が走る状態だ。

しかし、観客はそんな佐倉に熱狂した。外人が指をねらおうとするとヤジが飛ぶ。

「ばかやろう、そんなことをするな!」「佐倉、負けるな、がんばれ!」

あげくのはてに、興奮した客が外人選手を追っかけまわし始めた。

「そんなのファインプレーじゃない、やめろ!」

結局、佐倉は負けたが、「あのお客さんたち、うれしかったな」と微笑む。

今でも佐倉の右手の薬指は少し変形したままだ。第一関節から先が不自然に細くなってしまっている。でも、誇らしい指でもある。

女を売っているんじゃない、スポーツで技を見せている

小畑もそうだが、佐倉は女子プロレスがエロと見られることに、ことのほか拒否感が強い。だから、潔癖さと健全さにこだわり、水着が乱れたりしないように、過剰なまでに気を遣った。脚の付け根の部分にはゴムを縫い込んでぎゅうぎゅうにきつく縛り、下着が見えないようにした。鼠蹊部《そけいぶ》には今でもゴムの跡が残っているほどだ。背中には、肩ひもがずれないように、肩ひもと肩ひもの間に自分で横にゴムを通した。禁欲的なまでに、品行方正であることに気を遣った。エロではない、女を売っているのではない、スポーツとしてのプロレスをしていることに誇りがあった。

だから試合中に、下品なヤジを飛ばした客には、「反撃」した。小畑は正面切って対決することもあったが、佐倉はそれをせず、試合中のハプニングを装う。小畑に目配せをして対戦相手をリングの外に落とし、自分たちも飛び降りると、場外乱闘だ。ヤジを飛ばした客のところまで髪の毛をひっつかんで引っ張っていく。そして、外人を殴ろうとしたら、よけられてしまって勢い余ってその客を殴ってしまう——、というわけだ。

佐倉はこれを「ミステイク」という。

「外人を殴ろうとしたら、外人がよけたから当たっちゃった。試合中のことだから、ミステイ

ク(笑)。ほんとは最初からその人をターゲットにいくんだけど、外人はおとり」

そういって、いたずらっぽく、ふふっと笑う。

小畑も言う。

「それが私たちのお礼参り。佐倉が、目で合図をすると、よっしゃ、お礼参りだってね」

再び、佐倉。

「「水着を外さないのか」って言われたことがあった。この野郎、私たちは違うんだって思って猛撃したわよ。それから次の一瞬はもう試合ではないの。あの男を黙らせないと、冗談じゃない、って。そんな気持で見ているなんてとんでもない。出ていただきましょう、という精神でやります。マイクで、場外乱闘になった場合は危険ですから逃げてください、って言ってるんだから、いいの(笑)」

平手打ちに、パンチ。エルボー。失礼な客には容赦はしなかった。自分の手にあざが残るくらい、激しくやった。だが、ほとんどの客は喜んだ。自分がターゲットとなったことに興奮するらしいのだ。もちろん怒る客もいた。そんな客の怒声は黙って聞いて受け流して、あとで「ざまあみろ」と舌を出した。スポーツで技を見せているのだ、という自負は強い。

ガウンにリングシューズ姿で

「生真面目という言い方はおかしいけど、水着を着ていたから、余計に女を売りたくなかった。どうしてもそういう目で見られるでしょう。ましてやあの時代に、女の子があんなふうにバッタンバッタンやってるわけだから」

中には、女を売り物にするような試合をやる選手もいた。そういうやつがいるから私たちまで……と腹に据えかねたから、対戦した時は「半殺し」の目にあわせた。

「私たちは本当のスポーツをやっているんです。スポーツ以外の何物でもない」

テレビカメラのアングルにも気を配った。ブリッジは得意技だったが、カメラに向かって正面の角度では絶対にしなかった。「見る男性は楽しいかもしれないけど、撮られるほうはいやじゃない？　ブリッジだって、横から映したらとてもきれいなのに」

しかし時には、「いやなアングル」で撮られてしまうことがある。そういう時には白石に食ってかかった。「ああいうのはいや、絶対にいや！」

女子はセミファイナル止まり

佐倉の心意気と誇りは、世間の女子プロレスへの偏見も強かったぶん、倍加した。エロという見方に対してだけではなく、女だからという差別への反発心もまた、強烈だ。

国際プロレス時代のこと。男子選手はホテルに泊まるのに対し、女子部の小畑と佐倉には、それよりも安い旅館があてがわれようとしたことがあった。そんな時、小畑は自腹を切ってでも、高いホテルをとった。

「私たちを見にきてくれているお客さんのほうが多かったと思う。キャリアは私たちのほうが長いし。試合もそうよ。ファイナルの試合は男子で、私たちはセミファイナル止まり。だから、試合の中身で見返してやろうって思ってた。女でもこれだけできるのよ。悔しかったら、やってごらんなさいっていう、負けじ魂があった」

世間の偏見もあった。東京女子プロレスに入門した頃のことだ。昭和三〇年前後のこと、近所の銭湯に行くと、あれこれささやく人もいた。

「女のくせに水着を着てやっているのよ」「怖いわね、近寄っちゃダメ」

ひそひそと声がして遠巻きにされ、後ろ指をさされた。

「私は堂々と生きていましたよ。後ろめたさもないし、自分の人生は自分で責任を取ればいいと思ってきたから、そういうことにいやだな、と思ったことはない」

ところがいったんテレビ放映されるようになると、そういう人たちが手のひらを返したように近づいてきた。人の心の浅薄さを知る。だがそのテレビ放映も一年三カ月で終わり、人の心もまた、変わる。

技や鍛錬への自負心も鮮烈だ。自分たちは技巧で見せているのだから、恥ずかしくないもの、喜ばれるものをお客様に提供するのだ、という自負だ。彼女たちのプロレスは、オーソドックスで堅実。華やかで派手な大技を次々に、という試合展開ではないが、地味でも着実な技を決めていく。そして、序破急や起承転結、流れを大事にする。

「今は見た目に派手な技をぽんぽんするけど、あんなのは何年かやればできること。プロレスってただ投げるだけじゃなくて、歌舞伎や演劇のように波、流れがあるの。連携技があって、最後に決めて、ギブアップかフォールする。そういう一連の技がないとただ五回も一〇回も投げるだけになる。お能でも狂言でも山があって平があって、最後にだだだっと盛り上げるのと同じ」

「バケツガール」誕生

筋肉の見せ方一つも意識した。どういうふうに鍛えて、どういう角度から見せたら、強くたくましく、そしてしなやかに美しく映るか。

「バケツガール」もそういった工夫の一環だ。

「目立ちたかったのかしら。人のやらないことをやってみたかった」

バケツは、コーナーに置いてある口に含んだ水を吐き出すためのブリキ製のものだ。何かにカチンと来て、ふざけんじゃないと思わず使ったのが最初だ。ブリキのバケツの側面を相手の頭に振り下ろすと、ばこん！と派手な音がして、ブリキもへこんで見栄えもいい。これが客に大うけして、味をしめた。以降、佐倉の専売特許となる。

振り下ろす場所を間違えて角に当たると、相手にとっては悲惨な事態となる。試合中は双方が動いているから、おかしなところに当たることもよくあった。

「角にあたると、コーン、という音がするのよ」

バケツ攻撃が出ると客は大喜びで熱狂した。そのうち、「佐倉、バケツ使えー！」などと叫ばれるようになった。佐倉は、最後に、ぺっちゃんこにへこんだバケツを「はい、持ってお帰り、お土産～」とばかりに、客席に放るのが常となった。客はそれを持ち帰ろうと群がる。あまり実用的とは思えないへこんだバケツが、どれほどお土産になったことだろう。もちろん、小畑も何度もバケツ攻撃の被害にあっている。頭の皮膚が切れ、縫ったことも一度ならずある。

口に含んだ水を相手の顔面に吹きかけるのも得意だった。のちに、男子プロレスのグレート・ムタが「毒霧攻撃」として得意技にしたが、その原型といえよう。ひそかに水を口に含んでいて、タイミングを見て正面から吹きかける。相手が得意になっている時のほうが効果的だ。

「すごく顔を意識している外人がいてね。それだったら汚してあげようと思って。私は意地が悪いから(笑)。相手は一瞬で頭に血がのぼって、試合を忘れて追いかけ回された」

客はやんややんやの大喝采だ。

試合後に乱闘をしたこともある。ラフファイトの女王と言ってもいいかもしれない。

国際プロレスの女子部時代に、米国のビッキー・ウィリアムスと蔵前国技館でやった時のことだ。佐倉がフォールされて試合が終わった後、不意に背中を思い切り蹴られた。急所に入ったのか、一瞬、息ができなくなった。かあっと頭に血がのぼり、逆上した佐倉は、もう試合が終わっているにもかかわらず、ずかずかとウィリアムスに向かっていき、相手のロングヘアをつかむとぐるぐると自分の手に巻き付けて、リングサイドの鉄柱に、がんと彼女の顔をぶつけた。何だ、とテレビカメラが寄ってくる。もう一度髪の毛をつかんで、今度はカメラに向かって正面からぶつけてやった。「いい絵が撮れてね。最高じゃない？」

佐倉から見て、小畑はどういうレスラーだったか。そこにも性格の違いが見て取れる。

「お人好しのレスラーよね。見てて歯がゆい時がある。予定外に技がほんとに入っちゃう時があるでしょう？　動きながらやっているから、しょうがないことなんだけど、でも彼女はひるむのね。一呼吸置いて、相手の様子を見ながら、一拍下がるわけ。何で？　って私は思っちゃう。私は血が出たり、外人が泣いたりぶつぶつ言ったら、余計に行くから(笑)」

プロレスというのは常に相手の出方や呼吸を見ながら対峙していくのだが、そこは人間のやることで、思わず一歩も二歩も三歩も、踏み出しすぎてしまうことがある。それもまた面白さだが、佐倉はそこでそれに乗ずるタイプ。よくいえば波に乗れる、そうでなければ調子に乗ってしまうと言えようか。対して小畑はあくまでも慎重というか保守的というか、安全運転なのだ。

佐倉は、お客さんが試合に集中して万座がしーんとしずまる瞬間が好きだった。真剣に自分たちを見てくれている。エロでも、八百長でもない。観客が技に魅了されている。そう実感できた。

「やっとわかってくれたな、って思えて本当にうれしかった」

小畑と同様、純粋にプロレスの高度な技や華、見せ方で観客を惹きつけたいと思っていたから、師匠の木下に歌を歌えと勧められた時も断った。木下はギターを弾き、作曲もした。パーティなどで佐倉の歌を聞きつけると、「佐倉ちゃん、俺が歌をつくるから歌いなさい、って」。

しかし従わなかった。「私たちはプロレスラー。歌は歌わない。色ものじゃない」

病院で興行したことがある。テレビに出ている頃、交通事故にあったのだ。台東区体育館での試合後、お店の女の子三人とタクシーに乗り、佐倉が助手席に座っていた。そのタクシーがあやうく車と衝突しそうになり、よけたところを電柱に衝突した。佐倉はとっさにうずくまり、手で顔を守ったが、手を思い切りメーターに、女の子たちは頭を前部座席にぶつけた。

打ち上げのふぐ料理店に先に着いていた小畑が連絡をもらって急いで現場に行くと、佐倉がファンにもらって抱えていた赤や黄色、色とりどりのバラの花が道路中に散らばって、まるで花のじゅうたんのようになっていた。

打ち身の治療のため、佐倉は山梨県石和《いさわ》の温泉病院で三カ月近く療養した。小畑もよく通ったから、退院を前にして「私の試合でよかったらお見せします。お世話になったお礼に」と、試合をして見せた。病院のフロアに畳を敷き、その上にマットを敷いて行った試合は、「ものすごく喜ばれた」という。本業でのサービスは惜しまない二人だった。

巡業中の迷子事件

佐倉は言う。

「大人になるのがいやだった。一六歳でこの世界に入って。興行の世界なんて汚いから大人のずるい面をたくさん見るのよ。お金をめぐってだましたりだまされたり、というのが本当にいやだった。だから大人になりたくなかった」

「バー　さくら」を始めてからも媚びるのが嫌いな佐倉は、着物を着ておしゃれはしても嫌いな客とは口をきかなかったりした。

「頼むよ、小遣いをやるからしゃべってくれ」と言われたこともあった。

花が好きだ。しかも鉢植えではなく切り花が。お客さんに何かプレゼントしたい、と言われた時にはいつも花をねだった。白のストック、薔薇、フリージアが特に好きだ。もちろん、鉢植えも丹念に水をやり世話をして、いつも次の季節にまた花を咲かせるのだったが。

「はかなく散っていくじゃない、それがいいの。白は何色でもなく、何にも染まっていないから好きね。一から自分でやるのが好きで、人の言うことを聞くのが嫌い。だから白が好き」

インディペンデントのプロレスラーとして自立して働いていたにもかかわらず、佐倉には妙に純粋で子どもっぽいところがあった。小畑に甘えていたのかもしれない。そこがまた彼女の魅力の一つである。

迷子になったこともある。日本海沿いを電車に乗って巡業して廻っていた日のことだ。夜遅くに試合が終わって泊まり、翌朝は六時の始発に乗って昼間の試合に向かう。遅れないように、と早くに駅へ向かった。次の駅で急行に乗り換えようと電車を降りた時のこと。修学旅行か、高校生が列をなしてぞろぞろ歩いているのに出くわした。佐倉はふと、一行を離れてその高校生の列についていってしまった。佐倉は早起きは大の苦手。ぼーっとしていて、ついそちらに行ってしまったらしい。急行に無事乗ってから「佐倉がいない」と大騒ぎになった。佐倉が次の急行に乗れれば、ぎりぎり試合に間に合う。

小畑が車掌に事情を話して、逆方向の電車に乗ってとりあえず戻ろうとした。しかし、戻る電車がない。戻る電車を待っていると、次の急行に乗れなくなってしまう。

そうだ、と車掌が言った。「貨物列車が来ます。速度を落としますから、それに飛び乗ってください。そして降りてもらえば大丈夫です」。まるで映画のワンシーンのような話である。

速度を落とした電車に飛び乗るくらい、アスリートの小畑には朝飯前だ。貨物列車がホームに入ってくると、ひらりと軽く身をひるがえして飛び乗った。次の駅でも列車からホームに飛び降りて、佐倉を迎えにいった。

その間、佐倉は何をしていたか。高校生の一団は、その駅で降りていった。後ろについて改札を出たところで、はたと気が付いた。ここってさっき通ったばかりじゃないか。私、何をしているんだろう。みんなはどこに行ってしまったの？　どうしよう。わあん、と泣きだした。そこは「世間知らずの女の子」だった。わんわん泣いていたら、連絡を受けていたその駅の駅員が気づいた。「今、迎えに来ますから。大丈夫ですよ」と声をかけてくれた。

安心した佐倉は、改札を出たところにある食堂に入ると、川エビやら鮎やら、地元の食材を使った朝ごはんを、お腹いっぱい食べた。小畑が迎えに来る頃にはけろっとしたものだ。無事合流して次の急行に乗った。目的の駅で降りるとタクシーの中で靴を脱いでリングシューズに履き替え、会場に駆け込んだ。大急ぎで着替えたと同時に、試合開始のゴングが鳴った。花道に走り出す。そして、いつものようにグッドファイトだ。

もっともっと、ずっとプロレスをやっていたい

佐倉が引退したのは一九七六(昭和五一)年、三八歳の時だ。国際プロレスの女子部として、テレビに出ながら全国を廻っている頃だった。

体力の限界を感じていた。得意のキックも、年を重ねるうちに打点が少しずつ低くなってくる。全盛期のイメージを抱いて試合会場にやってくる客を裏切りたくなかった。自分の納得のいかない試合もしたくなかった。

「体の小さい私が殴られて、木の葉のように飛ばされるのを見ていたお客さんもいると思う。それを何十回もされて、そこからカムバックして勝つのを見てくれていたお客さんもいたと思う。最高の試合ができなくなった以上、引退しなきゃと思ったの」

引退試合と銘打った最後の試合はもちろん、小畑とのシングルマッチだった。何百回、いや練習も入れれば何千回と組んだ相手だ。感傷的になったのは小畑のほうだった。

「私は何もできなかった。走馬灯のように、二〇年以上の歴史が頭をかけめぐって。ああ、こんなことがあった、あんなことがあった。テリーが手をけがして、骨が出てもなお試合を続けた

こともあった、その相棒が引退するんだって」

試合開始が宣言され、向き合ってお互いが手をあげるが、組むことができない。レフェリーが「小畑さん、佐倉さんが困ってますよ。しっかりしてください」と言って、ぽんと背中をたたいた。でも、何もできなかった。

そんな小畑に容赦なく佐倉は次々に技をかけた。ドロップキック、ヘッドシザーズ、ボストンクラブ。あまりの反応のなさに、普段は絶対にしないが、背後から何度も蹴り上げもした。それでも何もしない。佐倉は業を煮やして小畑の髪をつかみ、ロープまで連れていく。

「いい加減、ジャッキを巻いてよ！　ちいちゃん、どうしたの？」

ようやく小畑の調子が出てきた。ロメロスペシャルに飛行機投げ。パワーを生かした特技を出していく。一本小畑がとり、それから二本目は回転エビ固めで佐倉。佐倉が小畑を場外に蹴落とす。続けて自分もリングから飛び降りて、小畑を荒々しく客の椅子めがけて突き飛ばす。客が大あわてで逃げた後、がしゃがしゃと派手な音をたてて、小畑が椅子に倒れこむ。

「ああ、もっともっと、ずっとプロレスをやっていたい」

佐倉は思った。身が震えた、心が震えた。二〇年上がり続けたリング。それが今日を最後にもう終わる。私はプロレスが好き。全身でプロレスを感じ、味わおうと思った。感傷的な気分を振り払うように、佐倉はバケツを手に取ると、思い切り、小畑の頭に振り下ろした。これをするのも今日が最後なんだ。わあっと歓声があがる。へこんだバケツはいつものようにぽーんと景気よく、観客席に投げた。レフェリーが唱える場外カウントが迫る。一七、一八……

二人ともあわててリングにかけ戻る。

バケツで殴られた小畑が正気を取り戻したか、ようやく本領を発揮する。右腕を何度も回してぐるぐるパンチを佐倉の胸元に見舞う。続いて頭突きを五連発だ。そして、伝家の宝刀、必殺ロメロスペシャル。佐倉がギブアップした。カンカンカンカンカン！　とゴングが鳴らされる。

小畑が勝った。

勝利を告げるゴングを聞いたあと、小畑は「お疲れさまでした。長いことありがとうございました」と頭を下げた。佐倉も「ありがとうございました」。丁寧にお辞儀をした。そして二人で握手をした。その後、男子選手を含めた全員がリングに上がり、次々に佐倉と握手をした。その中で、忘れられないのが、故ラッシャー木村だ。佐倉の手をぎゅっと握ると、いつまでも離さない。

「佐倉ちゃん、よくやったよ。身体が小さいのにがんばったね」

そこには佐倉への尊敬の念がこもっていた。リングサイドでは、日本レスリングの草分けであり、長くレスリング協会の会長を務めた八田一朗がサンダー杉山と共に最前列で見ていた。試合後、「おい。小畑」と呼び止められた。

「よかったぞ。相変わらず、おまえは強いな。がんばっているな。偉い」

結果的に、その日が小畑にとっても最後の試合となった。ただ、きっぱり引退した佐倉と違い、小畑は今でも引退したつもりはない。

二人で浅草の店に戻った。ドアを開けると満杯の客が拍手で迎えてくれた。その中には東京12チャンネルのプロデューサー、白石剛達もいた。かつて、最高視聴率をたたき出したにもかかわらず、世間の偏見に半ば屈するような形で無念の打ち切りをした女子プロレス中継。四年後、国際プロレスで白石は長年の心残りを果たす。国際プロレスも金策に大変な団体だった。前述したように男女の差別もあった。それでも白石は約束を守り、再び彼女たちのテレビ中継を実現した。

白石は、佐倉の肩に手をかけて言った。

「佐倉ちゃん、ごめんな」

そう言って、涙をこぼした。あれは、何の涙だったのだろう、と佐倉は思う。白石が亡くなった今となっては、知る術もない。

「プロレスと結婚した」という小畑とは違って、佐倉は、恋もした。今でも指には、佐倉が「永遠の人」と呼ぶ彼から贈られたという六カラットを超える大粒のダイヤモンドの指輪が光る。宝石を贈られたのは彼だけだ。「永遠の人」と出会ったのは一〇代、今でもつきあいがある。もう、五〇年以上になる。

佐倉は甘えるタイプではない、という。

「甘えられない。べたっとされるのも嫌なの。適当に、つかず離れずというのが好き」

ハンドバッグを買ってほしいと駄々をこねて、道端で泣きだしたこともある。二〇代のことだ。

浅草の舶来品を置いている店のウィンドウで見ていっぺんで気に入った。クロコダイルで、持ち手が金の鎖と、見るからに高価だった。「ほしい」と言うと、すげなく「ちょっと無理だね」。佐倉は「買ってくれなきゃいや！」とヒステリーを起こし、そのまま相手を置いて立ち去ってしまった。適当に時間をつぶして家に帰ってきたら、テーブルの上に包みが置いてあったのだった。

結婚はしなかった。

「結婚には興味がなくて。束縛されるのが好きじゃない。結婚が女の幸せとも思わなかった」

性別で見てほしくない。技巧やうまさ、強さ、プロレスの中身で見てほしい。佐倉の葛藤は、きわめて現代的だ。というよりも古今東西、女はそれで苦しんできた。もちろんそれをうまく利用している者もいるし、それが必要な時もある。私たちは性別や顔の美醜、年齢、職業などで判断し、本質を見ようとしない時がある。未来永劫これが変わることはないのか。それは私たち人間にとって逃れられないものなのだろうか。否、と信じたい。

命の限界を出しきって生きる

佐倉にとって、小畑とはどういう存在なのだろう。

「この人がいなかったら、私はプロレスを続けていなかったと思う。どうでもいい男のお嫁さんになって、今頃はおばあちゃんになって孫の世話をしていたかもしれない。全然違う人生を与えてくれた。性格は水と油ほどに違うし、この人は私のことを、本質的なものはあまりわかっていないのよ、きっと。私はこちらのことをわかっているけど」

小畑の本質とは？

「何かこう、放っておけない人。変なところで人がいいから。何でもそう。私は傷つく前に去るけど、こちらは傷つくまでとことんやるの。ほどほどにしない。私は後ろで見ていて、つまらないことでこの人が傷つくのを見るのが大嫌い。だから途中で見かねて、ちいちゃん、それはやりすぎよとか、この辺でもうと言っても、やり続ける。放り投げるということができない。結果が出るまでやらないと納得しないというのかな」

では、プロレスとは？

「青春と人生を咲かせてくれたもの」

プロレスの魅力とは何だろう。

「命の限界を自ら出し切るというの？　もう苦しくて、でもここでギブアップしたら負けになる。本当に、命ぎりぎりのところまでやるわけよ。そうでしょう？　ワン、ツー、でもスリーであげたらまたよみがえる。命の限界を賭けるというとオーバーかもしれないけど、ここまで来たのだからもっと、もっと、って思うのよ。打ち方一つ間違ったら、頸椎を折ったら、死にますよ。プロレスラーで死んだ人もいる。私たちはそういう限界を超えているもの」

命の限界を出し切る生き方。限界を超えた生き方。

自分はそう生きてきた、と胸を張れる人間が、果たしてこの世の中にどれだけいるだろう。

第5章

韓国、沖縄、ハワイ
——知られざる興業

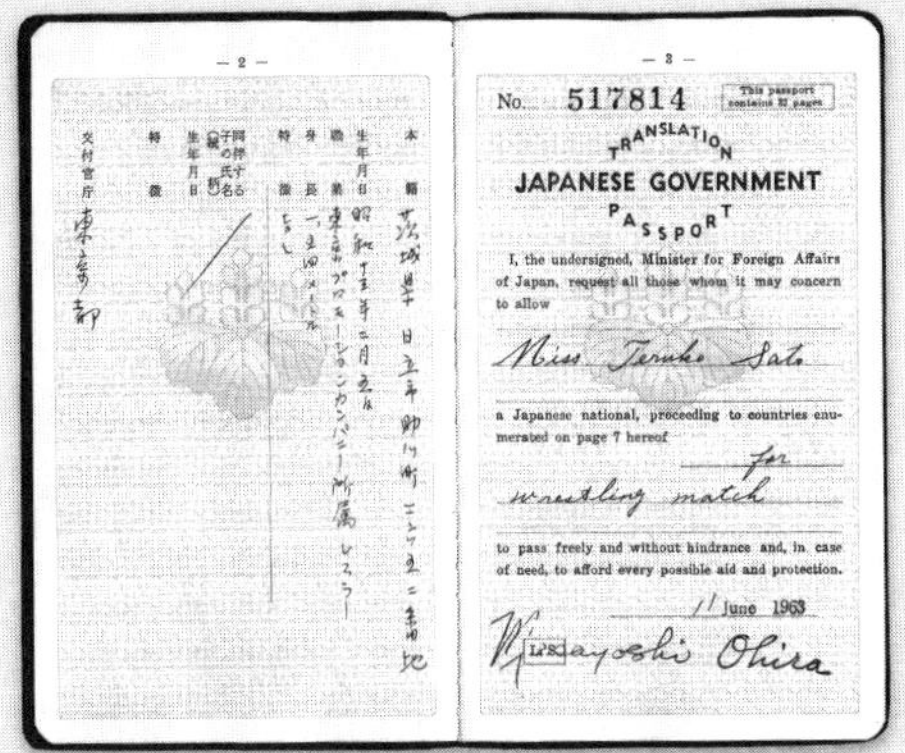

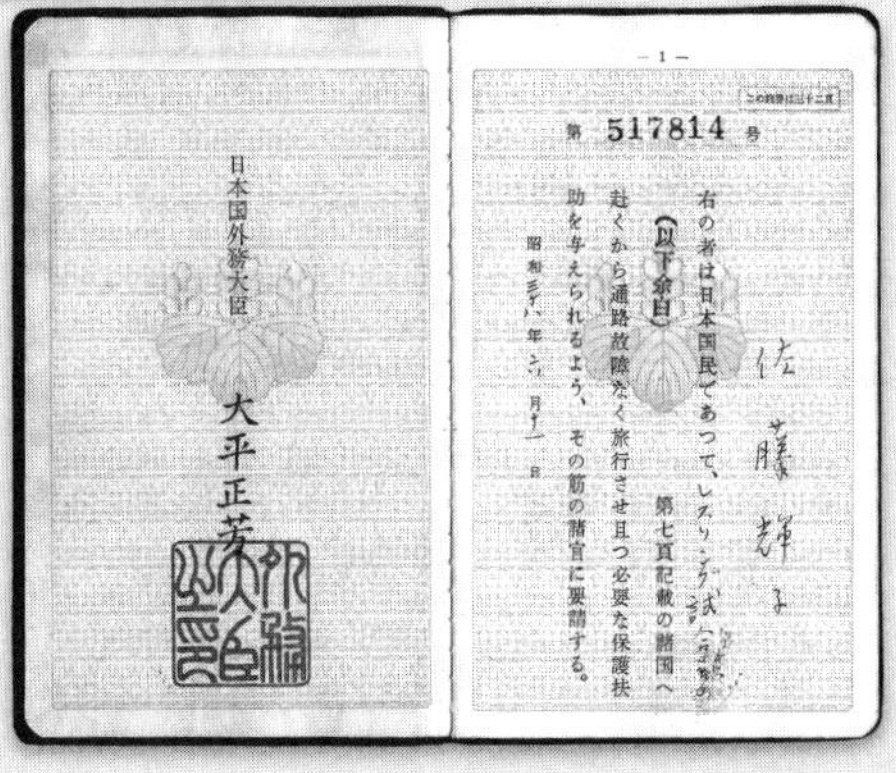

外相だった大平正芳のサイン(上)が見える佐倉のパスポート

一九六三年六月、板門店近辺

六月の韓国は緑が鬱蒼と茂っていた。ちょっと動くと汗ばむくらいだが、外で過ごすには心地よい気候だ。桜の葉も青々と茂り、二カ月前にはさぞ桜の花がきれいだっただろう。今、その桜の木の下には特別にリングがしつらえてある。たとえこの上空を飛行機が飛んだとしてもこの緑が目隠しとなって、リングもその上で繰り広げられていることも見えなかったに違いない。

緑の下にあったのはリングだけではない。周囲に備え付けられた砲台が場所柄を感じさせる。

「オバーター、チョヤーン」

いかにも場違いなリングアナウンサーの声が、晴れわたった空を裂いて響きわたる。拍手で彼女たちを迎える兵隊たちは迷彩服姿だ。前列の将校たちの胸元は多くの勲章で飾られている。彼らは整然と座って礼儀正しく、前日までのソウルや釜山《プサン》と違って罵声を飛ばすこともなく、あたたかく敬意をもって出迎えてくれた。彼らのほとんどが、いやおそらく全員が女子プロレスというものを生まれて初めて見るに違いなかった。

一九六三(昭和三八)年六月。小畑千代は佐倉輝美らと共に、韓国と北朝鮮の軍事境界線、通称三八度線の南に位置する板門店近辺にいた。プロレスの試合をするためである。

一九六五(昭和四〇)年に日韓基本条約が結ばれて国交が正常化する二年前のことだ。彼女たちが「日韓親善」のために二週間ほど韓国を訪れた日程の一環だった。

なぜ国交回復の前に、彼女たちは韓国に行ったのか。

まだ一般人は簡単に韓国を訪れることができない時代だ。日韓関係に携わる者たちは異口同音に「何らかの公的権力が働いているのは間違いない」と言う。詳しい経緯はわからない。

ただ、プロレスや芸能などの興行の世界には、昔から在日韓国人や朝鮮人が活躍していることが多い。たとえば、男性のプロレスラーで一世を風靡した力道山も、朝鮮半島の生まれだ。力道山は本名・百田光浩。朝鮮名は金信洛《キムシルラク》という。一九二四(大正一三)年に日本植民地時代の朝鮮半島・咸鏡南道(現・北朝鮮)で生まれた。生年については一九二二年や二〇年の説もある。シルム(朝鮮相撲)大会で実力を見出され、一九四〇(昭和一五)年に日本に渡って初土俵を踏んだ。関脇まで昇進した後、五〇年に廃業。プロレスラーに転身した。空手チョップで米国人レスラーをなぎ倒し、敗戦で打ちひしがれた日本人を熱狂させたのは、よく知られている通りだ。

彼は政界に人脈を持ち、特に大野伴睦《ばんぼく》との関係は深かった。東京都大田区にある池上本門寺では、力道山の墓のすぐそばに大野の墓が位置している。力道山に弟子入りした大木金太郎(金一《キムイル》)も韓国で生まれ、力道山に憧れて日本にやってきて、スター選手となった。

小畑の韓国行きも、そういったコネクションの一環で持ち込まれた。小畑は言う。

「神戸で港の沖仲仕を束ねて差配する仕事をしていた在日韓国人の人がいて、その人の知り合いで、新井リュウキチという、両親、お兄さんも韓国に住んでいる人がいた。そのお兄さんが韓国軍のえらい人だった」。これだけではとても経緯をたどりきれなかったが、このように小畑と佐倉の記憶には残っている。

佐倉は訪韓の日付が刻印されているパスポートを保存している。

「佐藤輝子(本名)　右の者は日本国民であって、レスリング試合のため、第七頁記載の諸国へ赴くから通路故障なく旅行させ且つ必要な保護扶助を与えられるよう、その筋の諸官に要請する。昭和三十八年六月十一日　日本国外務大臣　大平正芳」。「第七頁」には「Republic of Korea」。韓国に行った日程がわかるのも、佐倉がこのパスポートを保存しておいたからだ。逆にいえば、日本で他に記録を見つけることができなかった。

小畑たちはこの旅のことを興行とはいわない。あくまでも「日韓親善」なのだ。

風雲急の国交正常化前夜

なぜこの時期、「日韓親善」だったのか。

歴史的に見ればこの時期、日韓は国交正常化に向けて加速化している時だった。韓国では李《イ》承《スン》晩《マン》下野後の尹潽《ユンボ》善《ソン》政権の一九六一(昭和三六)年五月に軍部がクーデターを起こし、朴槿恵《パククネ》前大統領の父、朴正熙《パクチョンヒ》国家再建最高会議副議長が実権を握っていた。朴は七月に議長に昇格し、日韓国交正常化に非常に積極的だった。経済開発のための資金と技術を日本から得ようとしたのだ。朴は一九六三(昭和三八)年一〇月に大統領に就任する。

日本ではこの間、池田勇人内閣だった。国交正常化への最大の懸案である対日請求権問題は、一九六二年一一月一二日、大平正芳外相と、後に首相になった金鍾泌《キムジョンピル》KCIA(韓国中央情報部)部長との会談で「金―大平メモ」が作成され、金額について大筋合意していた。

この時期、関係者は激しく動き、矢継ぎ早に日韓を往復している。同年一二月七日には右翼の大物、児玉誉士夫が訪韓。続く一〇日には、自民党副総裁だった大野伴睦が「親善ムードを起こせれば幸せ」との朴正熙宛ての池田勇人首相の親書を携えて、ソウルへ赴く。大野を動かしたのは、児玉である。

明けて一九六三年の一月には力道山が極秘で訪韓している。表向きはスポーツ交流が目的だったが、金鍾泌とも会うなど政治も絡んでいた。日韓国交正常化に向けてのさまざまな動きの中で、小畑らの訪問も正常化への後押しの一環だったと思われる。

小畑らの訪韓の記録は、韓国の映像ニュース「大韓ニュース」に残っていた。一九六三年三月と六月である。三月のほうは、女子プロレス大会に向けて女子大学生が選抜されているというもの、そして六月のほうは日韓親善の女子プロレス大会が行われた、というものだ。六月の大会は、新聞でも報道されている。六月二九日の東亜日報と京郷新聞で、二八日にソウルの奨忠体育館で韓日女子プロレスリング大会が開かれ、日本から一二人、韓国から四人が参加した、とある。

韓国で小畑らはソウル、大邱《テグ》、釜山、そして板門店などを二週間ほどかけて廻った。

この頃東京女子プロレスはすでに解散しており、小畑や佐倉はフリーのレスラーとして活動していた。訪韓メンバーは小畑、佐倉のほかに、二人の記憶によれば選手は八人で、全部で一〇人だったという。全日本女子で活躍した柳みゆきもいた。

日本、殺せ！

羽田から空路ソウル・金浦《キンポ》空港へ向かった。空港を出ると、まず、軍のエスコートで国立墓地に戦没者の墓参りに行った。軍楽隊によるトランペットの演奏が華々しく一行を迎える。国家的な行事の扱いといえよう。国賓がやってくると、墓地を表敬訪問して花輪をたむけるのは非常によくあることだ。墓地に着くと小畑は、「チャンピオンが持ってください」と花輪を渡され、軍楽隊の演奏のなか、墓地にささげた。

記者会見をしてからホテルに着くと、歓迎レセプションだ。翌日は、ラジオ番組に出演した。日韓の女子レスラーがお互いの国の歌を歌って、歌合戦をした。小畑は歌合戦に備えて、「アリラン」をそらで歌えるように紙に書き、トイレで何度も練習してから臨んだ。小畑の記憶によれば、相手は「夕焼け小焼け」を歌ったという。

そのあくる日、体育館でいよいよ試合だ。会場は超満員、試合の前には、韓国と日本の国旗を掲げて、国歌の演奏があった。試合は日本人対韓国人の対抗戦だった。上からするするとマイクが降りてきて、リングアナウンサーが「オバーター、チヨヤーン！」と紹介した。「ヤン」とは

「嬢」を意味する。相手は「オ・スンミョン」だった。「日本《イルボン》、殺せー！」と、日本語と韓国語の入り交じったヤジが飛ぶ。当時はまだ皇民化教育により日本語を話せる韓国人も多かった。

韓国の選手のなかには素足でリングに上がった者もおり、テクニックは日本人のほうが上だったが、韓国の選手は低い姿勢から頭突きをしてくる。それがきいた。

「頭を低くして、こっちの骨盤のあたりにぶつかってくる。よけたけど、三〇センチ近いあざができた。紫色に腫れ上がって」

韓国人レスラーで頭突き、といえば、日本で昭和三〇〜四〇年代に活躍した大木金太郎が知られている。女子レスラーもそれを真似したのか、頭突きが得意だった。小畑はやり返そうと、自分も頭突きを試みた。「そしたらあまりの痛さに目から火花が出て、やめた」

ヘッドロックをかけると、韓国人選手は抜け出し方がわからず、必死でなんとかはずそうと脇腹をつねってきたり、かじってきたりした。技の応酬で、観客はどんどんヒートアップする。そもそも当時韓国では女性が肌を見せることすらご法度だ。女子プロレス自体を見るのが初めてだったから、「女が闘う」ということだけで興奮材料となっただろうし、日韓の国交はまだ回復しておらず、ましてや日韓対決ともなれば日本選手憎しの感情はさぞ燃え上がったのではないか。

日本人が韓国人を負かすと、ビールやコーラの瓶が飛んできた。身の危険を感じ、「リングの下に隠れろ！」と言われ、小畑らはあわててもぐりこんだ。

控室に戻ると、韓国人の選手の部屋から「アイゴー」と泣く声が聞こえた。試合が終わっても興奮した観客たちは会場を取り巻いて帰ろうとしない。日本人の選手を無事会場から出すために軍のジープがやってきたという。

二日間の試合を終えると、観光で街を回った。繁華街には小畑や佐倉の写真がでかでかと載ったポスターがあちこちに貼られていたから、街を歩くと「ジャンピョン(チャンピオン)」と、方々で声をかけられた。反日感情どころか人々は気さくでフレンドリーで、朝鮮人参をお土産に買おうとしたら、二万円ほどのものを「五〇〇〇円でいいから持っていきなさい」と言われた。

夜は派手に妓生遊びをした。軍のジープで送り迎えをしてくれ、きれいどころに囲まれて踊りや民族音楽の演奏、豪勢な韓国宮廷料理を楽しんだ。選手めいめいの横に座った妓生は至れり尽くせりで、お酌はもちろん、料理をすべてとって、「どうぞ」と口まで運んでくれた。洋服の裾もなおし、口もふいてくれた。帰りの空港まで見送りに来た妓生もいた。

宴会の途中で、ぽーっとサイレンが二回鳴った。まるで日本の戦争中のようだった、と二人は回想する。小畑らは一一時過ぎにホテルに戻ったが、街は真っ暗で静まりかえっていた。人っ子一人、猫一匹歩いていなかった。軍政下の韓国では夜間通行禁止令が出されていた。解除されるのは一九八二年である。街の角々にトーチカがあったのを覚えている。

「日韓親善」として、青瓦台に朴正熙を表敬訪問もした。一人一人に、朴が自ら胸にバッジをつけてくれたという。

そのバッジは残っていない。

休戦ラインから北朝鮮を見る

ソウルの後は汽車で釜山へ行った。

「海の近くでしょ、駅を降りたところに魚市場があるの。アワビとかタコがうじゃうじゃいた。うわあ、アワビを食べたい、って言ったら、すぐに一個料理をしてくれたね」

釜山でも試合をした。ここも超満員で、リングに人が押し寄せてきた。あまりの人混みに警察が出動し、乱暴に押すような輩を引っこ抜いて外に放り出した。

釜山からソウルへ一度戻り、それから板門店へ、軍隊用の布張りのジープで行った。舗装されていないぼこぼこの道で、ジープが跳ね上がるとみんなのお尻も跳ね上がった。砂埃が舞い、埃で頭が真っ白になった。

休戦ライン、いわゆる三八度線も見にいった。「あれが三八度線で、向こうが北朝鮮です」と説明を受けた。板門店では桜の木の下に椅子がぎっしり並べられ、リングが設営された。ここでは、韓国人選手は参戦せず、日本人同士で試合をした。「日本殺せ」などとヤジが飛ぶこともなく、兵士たちは礼儀正しく、おとなしく佐倉たちの試合を見ていた。

続いて汽車で大邱へ。一等車は広く、幅三メートルほどの座席だったと記憶している。車内に靴磨きが来て、ぴかぴかに磨いてくれた。有名な観光地である八公山のケーブルカーにも乗った。

肉の苦手な佐倉は、韓国料理では食べられるものが限られ、キムチばかり食べて胃を壊した。

興行をセットした在日の男性が実家に連れていってくれて、五年ものの朝鮮人参を煎じて飲ませてくれた。煎じ汁はコーヒーのような色で、何ともいえない匂いも強烈だった。慣れない日本人にはとても飲めそうになかったが、「元気になるから」と言われ、佐倉は鼻をつまんでがまんして飲み下した。すると、三〇分もしないうちに効果がてきめんに現れ、肌がつやつや、てかてかしてきて、内面からエネルギーが満ちてくるように元気が湧いてきた。朝鮮人参の威力を実感した佐倉は、それから滞在中、毎日煎じて飲んだ。

試合相手のオ・スンミョンが二人にチマチョゴリをプレゼントしてくれ、小畑と佐倉はお返しに日本から念のため持って行った「アンネ(生理)用品」をあげて喜ばれた。「韓国のトイレットペーパーは茶色くてごわごわして、日本の戦後、二〇年遅れているという印象」を受けたという。オ・スンミョンとはその後も交流が続き、手紙のやり取りをした。浅草に住む知り合いの韓国人に頼んで先方の手紙を日本語に訳してもらい、こちらの手紙をハングルに直して送った。オが結婚して子どもが生まれたというのでランドセルを買って送ってあげたこともあったが、いつしか交流は途絶えた。

韓国側の対戦相手、玉京子

その事務所は、ソウル市中心部の地下鉄二号線の駅三駅、ぴかぴかした高層ビルが立ち並ぶビジネス街から一歩入った通りのビルにあった。こぎれいで、ベンチャー企業などが多く入居している。彼女の事業も、まだ立ち上げたばかりだった。

事務所の主、玉京子《オクギョンジャ》は満面の笑顔で東京からやってきた筆者たちを出迎えてくれた。

「よく来てくれたわね」

ここ数年乳がんで体調がすぐれず、ようやく本調子になったところだという。だが肌はつやつやしていて血行もいい。身長は一六〇センチほどとそれほど高くないが、体格はよく、エネルギーに満ちている様子がわかる。きれいに化粧をし、口紅は真紅だ。

事務所の棚にはアトピーにいいという化粧品や、朝鮮人参エキスを使った健康食品の見本がずらりと陳列されている。玉こそ小畑らが訪韓した時に試合を行った選手で、韓国の元祖女子プロレスラーでありチャンピオンだった。韓国の女子プロレスラーの象徴のような人物だが、彼女の来し方を聞くと、韓国の女子プロレスが日本とはまったく違った成り立ちをしたことがわかる。

玉は一九四三(昭和一八)年一〇月生まれ。生を受けたのはミャンマー(当時のビルマ)、九人兄弟の四番目だという。本名は玉健子《オクコンジャ》だ。「レスリングなんて運動もワイルドなのに、健子じゃ名前もワイルドだっていうのよ。だから、もう少しやわらかくて、ファンにもわかりやすい名前にしたらどうかと、姉の名前を使ったの。その名前で五〇年よ」

父は韓国の軍幹部で、対日作戦に携わっていたというから、「独立志士の娘」だ。母は看護師だった。ミャンマーはイギリス支配下にあった一九四一年に日本軍が侵攻、その後押しで一九四三年に「独立」を付与された。しかし主権は制限されており、連合国軍は奪還を狙い、ミャンマー側も一九四五年には武装蜂起を起こす。玉の父もその後押し、対日工作を行っていたのだろう。ミャンマーは日本の敗北と共に再びイギリス領となった。

アウンサンスーチーの父、アウンサンは独立運動の中心人物で、玉の父とも親しかったという。五歳の時にソウルに帰り、一九五〇年、七歳の時に朝鮮戦争が始まると釜山に移って、一五歳でソウルに戻る。玉は李承晩大統領が下野したきっかけとなった一九六〇年四月一九日の大規模デモに参加して、左脚を二九針縫う大けがをしたという。高校生だった玉は、女子学生の中ではただ一人、男子と一緒に車の上にのぼって「デモ万歳」と叫んだ。すると、制圧側が発砲し、すねを撃たれた。

玉は「お金持ちの娘」だった。父は将軍だったのみならず、朝鮮人参の高級加工品である紅参《こうじん》の貿易をし、さらには建設業も手掛けていたという。

国のためにプロレスを始めた

玉がレスリングを始めたのは高三の時だ。

「釜山の財閥の息子だった姉の夫が日本で勉強していて、力道山やプロレスに関するものをビデオに撮って持って帰ってきて、プロレス事業を始めて投資したの。それで私も始めたの。合気道や柔道、バレーボール、陸上もやっていて、スポーツは得意だったから。力道山が韓国に来た時は飛行場に花束を持っていったのよ。大学もいろんなところから引っ張られたけど高麗大学に通ったの。女子レスラーも集めて、私が教えたのよ」

玉は饒舌だった。一度話し出すと止まらない。こちらが質問をする暇がないほどに、エネルギッシュに、身振り手振りを交えてしゃべり続けた。

なぜプロレスを志したのか。その理由も、彼女の出自と関係が深い。

「韓国のPRになるから。プロレスの試合では韓国の太極旗を掲げるでしょ。外国に韓国の選手を連れていって、韓国の女として国威宣揚して、外貨を稼いでこようと思った。私は父が将軍だったし、責任ある家の娘だった。当時韓国はとても貧しかったから、国の支えになるかと思って。私自身は食べていくのに何の支障もなくて、こんなことをしなくてもよかったんだけどね」

レスリングの師匠は、有名レスラーの張永哲《チャンヨンチョル》だが、彼は忙しかったので、彼の下の男子レスラーに教わった。他に女子レスラーがいないので、男子レスラーと試合をしたこともあった。女性が肌を見せるのすらタブーに近かった韓国で、ましてや男性と試合をするなど、さぞかしセンセーショナルだったに違いない。

「当時韓国では、服を脱いで女性がレスリングの試合を、こんな乱暴な運動をするなんて、ひどく非難されることだった。でも私は果敢に脱いだのよ。だけど女子選手がいないから相手は男。男はパンツ一枚、こちらも水着のようなコスチュームで体をぶつけ合いながら試合をするから、韓国中がひっくり返ったの。試合をすれば私の上に馬乗りになるでしょ。私だって男の選手たちをつかんで投げて、また私が馬乗りになる。もう大騒ぎだった」

試合は、玉に勝つ実力があったが、「男には体面があるので」、引き分けになったという。玉は元祖女子プロレスラーだったが、日本と交流試合をすることになり、ほかに体育系の大学に通う女子学生らがオーディションで集められた。小畑らが韓国にやってきた時、玉はまだ二〇歳そこそこだった。玉は小畑たちにきちんと挨拶をしたかったし、話もしたかったが、レスリング協会の幹部に阻まれてできなかったという。「その幹部が私の後輩と恋仲で、その子を持ち上げるために私と小畑を食事の席でも一緒にさせなかった」

小畑らが青瓦台に朴正熙を表敬訪問したのは知っているが、それも妨害されて行けなかった。

得意技はエアプレーンスピン

小畑のファイティングスタイルはよく覚えている。

「彼女はワイルドじゃない？　私も似たタイプだから。私は韓国のヘビー級チャンピオンで、今でもベルトを持っているの。力が強いから、投げ技をよくやった。つかまえて、たたいて、回して、投げる」。得意技はエアプレーンスピン（飛行機投げ）で、小畑と同じだ。

日韓交流でのど自慢をしたことは覚えていたが、「夕焼け小焼け」を歌ったかどうかは記憶していなかった。小畑が名前を挙げた、オ・スンミョンのことも聞いてみた。

「呉順明ね。私より年が五つか六つ上で、脳卒中になって車椅子に乗っていて、釜山にいるけれど、体が悪くなってからは会っていない。娘がいてね」

その娘というのがおそらく、小畑らがランドセルを送ったという子どもだろう。
玉は順調に人気が出て、主演映画を二本撮影し、アクション映画にも二〇本近く出た。テレビや舞台にも出て、芸能人としても順調に活動していた。プロレスには女子選手も集まってきて、地方巡業にも出かけた。

「韓国の選手たちはみんな貧しい家の娘で、彼女たちに当時のお金で六五万ウォン(約六万五〇〇〇円)、今なら二〇〇万ウォン(約二〇万円)くらいの月給を払ったわね。お金をあげ、食べさせ、服も、運動着も買ってあげたし、家の面倒を見てあげた子もいる。体育館を一つ造って合宿をした時は一三〇人くらい集まった。耐えられなくて離れていった人もいたけど、八〇人は継続して活動していたわ。私はリングに上がりながらプロモーターもしたのよ。全国を飛び回って、ＰＲして、スケジュールを決めた」

「韓国では試合をしなかったところはないわ。観衆が多かったからお金を布袋でくれるの。それを地域の老人に練炭を買うようにとか恵まれない学生たちに寄付してきた。体育館もたくさん造ったし、テレビにもたくさん出て企業から品物をもらって、稼いだお金を振りまいた。今は変わってしまったけど韓国の人は私が人気のあった時代には純情でね、私が行くと大騒ぎで泊まっていきなさいって、食べるものもくれて、すごかったわよ。朴正熙の息子の朴志晩《パクチマン》が女子プロレス好きで、朴正熙が最後に大統領選に出馬した時小学校で遊説して、私がそこで試合をした」

コスチュームはアメリカに住んでいる叔母に送ってもらったという。親族も各界の著名人が多い。その叔母の夫は韓国の重量挙げの創始者、徐相天《ソサンチョン》で、その子、すなわち玉のいとこが韓国アンバサダーホテルの創設者だ。別の叔父は時計会社を、甥っ子はワイシャツ会社を経営しているという。結婚はしなかったが、恋愛して息子も産んだ。息子は今、ビジネスパートナーだ。

国策としてのスポーツ利用

ソ連や台湾、香港、中国の上海など、海外遠征もした。ただし玉が行ったのはソ連だけで、あとは妹が代わりに引率していったという。

「私が韓国にいないと、私がしている仕事を全部ひっくり返されるから」

玉が行ったのはウランウデ、東シベリアにあるブリヤート共和国の首都だ。なぜかというとこの街の西方にあるバイカル湖の泥で化粧品を作って韓国やロシアで販売していたからだという。

彼女の話は韓国の伝統紙、ソウル新聞はじめ多くの雑誌にも載っている。ウエブで検索すれば主演映画も出てくる。だが、玉が繰り出す話は時にあまりにスケールが大きすぎて、本当なのかと思ってしまうほどだ。

韓国では日本のように、女子プロレスが偏見の目で見られることはなかったのだろうか。

「韓国でも最初はそうだったけれど、二、三年したらなくなったわね。東亜製薬のバッカスは私が有名にしてあげたの。ユニフォームを私たちが着てあげて。バッカスを奨忠体育館にコンテナで運んできて積み上げておいてファンに飲ませるの。だからバッカスの人気が上がったのよ」

バッカスというのは日本のリポビタンDのような健康飲料で、ロッテ七星飲料や化粧品会社もスポンサーだった。

「韓国の企業人たちは玉京子が現れると頭が痛くなるの、お金をたかるから」と豪快に笑う。玉の活躍の背景には朴正熙政権におけるスポーツの活用があるとみていいだろう。朴は、国策としてスポーツを利用した。対外的に国力を示すためにスポーツが利用され、多額の資金が投入された。六〇年代には愛国心育成を目指して、スポーツ特待生を養成する「エリートスポーツ制度」を新設。才能を認められた学生は、勉強よりもスポーツに専念することが許されてきた。女子プロレスの日韓交流もこの文脈に沿って実現したと思われる。

玉京子。2015年ソウルの事務所にて

取材の途中で「食事に行きましょう」と誘われて事務所の外に出ると、玉は車が向こうからやってくるのものともせずにずんずんと道路を渡っていく。こちらが驚いていると玉は、「韓国では、先に一歩踏み出した人が勝つのよ」と笑った。まさに彼女の生き方そのもののように見えた。

玉の持っていた多くの写真や資料は火事で焼失してしまったという。玉によれば、小畑と玉でハワイで試合をすることになっていた。

「七〇年頃、ハワイで大々的に試合をやることになって、ポスターも作って全部準備したけれど、当時韓国の芸能界の女性たちが日本に行って売春していたことがあった。それで朴正煕大統領が韓国の女子選手や芸能人は三年間どこにも行ってはいけないと禁止令を出して潰れたの」

日本にも三、四回来たことがある。ただ、その時に試合をしたというのは巴ゆき子ら全日本女子プロレスに所属する選手の名ばかりだった。

プロレスを引退したのは、四九歳の時だ。ただ、彼女に言わせればそれは今のところの最後の試合で、「引退」ではない。そんなところも小畑と共通している。

「事業を軌道に乗せてから引退試合をするの」

プロレス人生では、引き分けはあっても無敗を誇る。プロレスをやめて以降、事業も順調なことばかりではなかったという。しかし、病を克服したという今は、非常に前向きで意気軒昂だ。

玉にとって、女子プロレスの魅力とは何だったのだろうか。

「レスリングを始めた頃、アメリカの世界チャンピオンの雑誌記事をたくさん見たの。ミルドレッド・バークは結婚してからも選手生活を続けていて、夫はあきれるくらいカッコいい映画俳優だった。その夫が妻のバークに贅沢なミンクのコートを着せてあげていたの。ギャラもすごく高くて、自家用の飛行機を乗り回して、夫が彼女のリングシューズのひもをひざまずいて結んであげているのよ。彼女はそんなにかわいいわけじゃないんだけどね。それで私は一度やってみるだけの価値がある仕事じゃないかって、心を決めてレスリング界に飛び込んだ」

ミルドレッド・バークは一世を風靡した女子プロレスラーで、日本にも一九五四(昭和二九)年にやってきて興行し、日本で女子プロレスが起こるきっかけを作った選手だ。

何かポーズをとってみてください、と言うと、玉は両手を前後に構えて立った。さすがにぴしっと決まってさまになっていた。往年の姿を彷彿とさせた。別れ際に礼を言うと、玉は言った。

「今はどこの国でも女の世界なのよ。私たちは女だからって後ろに引っ込んでいてはだめで、女でも主体的に出ていく術を知らないとだめよ」

「小畑さんが青瓦台に行って、朴正熙に韓国の女子プロレスを支援して、と言ってくれたからその後につながった。とても感謝しているわ。ありがとうと伝えて」

二〇一六年九月に改めて連絡をとると、事業は順調で広い事務所に引っ越すところだといった。

「お金持ちになったわ。小畑さんにくれぐれもよろしくと伝えてね」

小畑によれば、小畑はその後も興行で韓国を訪れているという。東京12チャンネルでテレビ放映をしている時だ。釜山では日本のテレビ電波が流れており、女子プロレスが人気だったので対戦相手の外人と共に訪れたという。このとき佐倉は同行しておらず、小畑も古いパスポートを保存していないため、記録はない。玉京子も東京12チャンネル関係者もこのことは知らなかった。

玉のあと、女子プロレスが韓国に根付くことはなかった。玉というスターは輩出したものの、その後はブームも続かなかった。国家権力と結びついていたから、結局国家という後ろ盾がなくなってからは国民の間に浸透することはなかったのだろうか。

「復帰」前の沖縄で興業

小畑と佐倉は、本土復帰前の沖縄も何度か訪れている。

沖縄に初めて行ったのは一九五七年。敗戦から一二年、沖縄が日本に「復帰」する一五年前だ。太平洋戦争末期の一九四五年四月、米軍は沖縄に上陸。民間人を巻き込んですさまじい戦闘が繰り広げられた。この死闘は「鉄の暴風」といわれ、死者二〇万人、島民の四人に一人が亡くなったといわれている。一家全滅(チネードーリ)した家も多く、そのまま荒れ果てた住居や、親戚や近所の人の手でつくられた、ブロックや石を積んで香炉を備えた拝所も多かった。今も残るチネードーリの屋敷跡は当時はさぞ多かったことだろう。

戦争の傷跡を色濃く残す時代。米国の統治下で、軍の存在感も今とは比べものにならない。現在とはまるで違う沖縄を小畑らは訪れた。力道山と同じ時期に行っているが、小畑らのほうが先である。九月二二～二六日に小畑らが、そして一〇月二四、二五日と力道山が興行をしている。どちらも会場は那覇市の中心地、久茂地の特設リングだ。

「力道山とは別々よ。力道山は女子が大嫌いだから。向こうのプロモーターがリングはつくっているから同じ時期に行ったの」

沖縄タイムスや琉球新報に掲載されている広告を見ると、当初、興行は九月一七～一九日の予定だったが、「便船の都合により」、二二日からに変更になったようだ。しかも、二二～二四日で

琉球新報 1957 年 9 月 17 日付朝刊に載った広告

計画されていたが、これまた「便船の都合により」、二五、二六日にも延長して開催されている。

興行は柔道対拳闘の試合と合わせて行われ、柔道の出場者は小畑らの師匠である木島幸一だ。拳闘の選手は「チャン・マメルト」とあるが、これは後に全日本女子プロレスを設立した松永高司のことだ。いんちき外人選手だったわけだ。小畑と佐倉は「東京ユニバーサル女子プロ」所属のレスラーとして紹介されている。

沖縄タイムスには「プロレス団来島」というベタ記事が、九月二三日付の紙面に載っている。「沖縄興産(社長宮城純仁氏)が招いたプロレス一行は二十二日ひる二時那覇入港の白山丸で来島した。女子レスラー八名、男子レスラー二名、柔道家二名、外人ボクサー二名といった顔ぶれ。一行は宿舎の日本ホテルで一息いれた後、午後七時から久茂地広場での興行に出た」

琉球新報に掲載された広告は、柔道対拳闘のほうにかなりのスペースがさかれ、女子選手は名前も載っておらず、男子の柔道対拳闘の添え物扱いのようである。試合も、女子の試合が男子の前にあったようだ。だが試合後の記事では、琉球新報は女子プロレスを写真つきで報じている。

「肉弾相うつ　女子プロレスリング　日本女子プロレス協会、ユニバーサル女子プロレス協会対戦の女子プロレス大会第一日目は二十二日午後七時から久茂地広場の特設リングに約三千の観衆をあつめて行われた。男子顔まけの力闘ぶりに観衆は大かっ采……リングサイドにつめかけていた外人客などは正に熱狂的…な声援を送っていた。引続き柔道対拳闘試合があって、初日の幕を閉じたが、何しろ船からおりて、旅の疲れを休める暇もなかったというのに〝投げるワ〟〝蹴るワ〟……で色気ソコノケ。リング一パイにくりひろげられる肉弾相うつ激しさは日頃の練まをしのばせ、こんな風景を見馴れない観衆のドギモを抜いていた」

一カ月後にやってきた力道山たちは、記事も大きく、選手たちの談話も載っているなど充実している。それに比べると女子プロレスの記事は小さい。だが、広告では柔道対拳闘の隅に添え物のようにちょこっと載っているだけの女子プロレスが、試合後には写真付きで報じられている事実が、観客の興味と反応、記者の驚きを示している。

白山丸に乗って

小畑と佐倉の手元には、「昭和三二年」と書かれた白山丸の上での写真が残っている。白山丸とはソ連などからの引き揚げに使われた船で、一九五八年まで運航したという。小畑らは「この船が廃船になるから乗せてあげる」と言われ、神戸から船に乗り込み、沖縄へと向かった。

白山丸船上で。前列右が佐倉、その隣が小畑

沖縄に近づいてきた頃、イルカの群れが波間をぴょんぴょんと船の周りを跳んでいたことを覚えている。陽光をきらきらと反射させながら深い青の波間を跳んでいくイルカの姿は、まるで小畑らを歓迎してくれているように感じた。澄んだ海の色は、ハワイとも違って、美しかった。

佐倉は言う。

「びっくりしたのは、船から降りた時に空気が違うの。すーっと身体の中を通っていくの。東京の空気、本土の空気と違う。何だか身体がきれいになるような」

特設リングは屋外にしつらえてあった。観客は家族連れ、お父さんにお母さん、子どもにおじいちゃん、おばあちゃん。家族総出で、生まれて初めての、そして二度とは見られないかもしれない女子プロレスを見物にやってきていた。

「みんな集中して、一生懸命見てくれた。その気持がこっちまで伝わってくる。リング上で二人の選手が向き合って間合いをはかっている時は、お客さんもしーんと固唾をのんで見守っている。あれは快感だった」(佐倉)

いったん、技の応酬が始まれば歓声の嵐だ。観客が一つになって、驚く時も歓声も笑う時もすべて一つになっていた。夕方でライトをつけていたから、虫が飛んできたのを小畑はよく覚えている。寝技に入ろうとリングに寝転ぶと、カナブンが顔に留まろうと寄ってきた。小畑はカナブンが大嫌いで、思わず「ぎゃーっ」と声をあげ、必死で手で払ったのだった。

大物やくざ藤田卯一郎も沖縄に同行

この沖縄での興行には、在日韓国人で愚連隊の親玉、実業家としても活動した町井久之が介在していたようだ。町井久之は力道山の盟友でもあり、この章の冒頭に記した池上本門寺の墓地では、力道山、大野伴睦のすぐ近くに町井も埋葬されている。町井久之と親交が深く、やくざで右翼の活動家だった藤田卯一郎もプロモーター役で同行していた。新聞記事にある、小畑と佐倉が所属していたことになっていた「東京ユニバーサル女子プロレスリング」は、藤田が一九五五年に旗揚げした団体だ。

藤田は松葉会の会長で大物やくざだった。水戸生まれで、水戸学の影響を受けた右翼でもあった。児玉誉士夫とも深い親交があって、行動右翼として六〇年安保闘争の時には、デモつぶしのために動員をかけ、全学連や社会党、総評に抗議書を出したこともある。一九六三年には、町井久之の東声会らと七団体の連名で、自民党の国会議員向けに派閥抗争をやめよというビラを出して、大問題になった。金鐘泌ら韓国の政治家とも親交を結んだ。

沖縄で、藤田の興味深いエピソードがある。小畑たちは試合後、大きな料亭で接待を受けた。藤田もいた。長い髪を結い上げた琉球舞踊を舞う女性たち、尾類(ジュリ)が歓待した。小畑は豚の料理を食べたが、耳に毛が生えていて、食べると毛が口の中でちくちくしたのを覚えている。度数の高い泡盛に火をつけて、ばーっと燃え上がるのを見せられた。

踊り手のなかに、飛びっきりのきれいどころがいた。藤田が小畑に耳打ちする。

小畑はその女性のところに行って「プロモーターが、あなたと別のところでお茶を飲みたいと言っています」と言ったが、女性は答えた。

「申し訳ありません、私は芸は売っても身は売らないのです」

小畑は藤田のところに戻って伝えたが、「お前、嘘をついているだろう」と聞かない。

小畑は藤田を女性のところへ連れていった。

「私は芸は売っても身は売りません」。女性は再度ぴしゃりといって、踵《きびす》を返して去っていった。残された藤田たちは茫然とするばかり。面目丸つぶれだ。

「小畑、誰にも言うなよ」

ところで、この沖縄の料亭とはいったいどこだったのだろう。

小畑に記憶はない。沖縄の花街といえば、一五二六年の尚真王の時代に始まった辻遊郭があった。これは女たちだけで運営されていた遊郭で、女衒《ぜげん》はおらず、文字通りの女の園だった。尾類たちは抱親(アンマー)と呼ばれる営業主によって管理されていた。この遊郭も沖縄戦によって灰燼に帰し、その再建に力を尽くしたのが、上原栄子という尾類出身の女性だった。

彼女は沖縄戦で砲弾の中を逃げ回り、泥の中をはいつくばり、地獄をなんとか生き延びて、やがて米軍の捕虜となる。戦後はゼロから再出発、米軍政府内にコーヒーショップを開くなどしてたくましくビジネスを発展させていき、やがて辻遊郭の再建をめざして一九五二年に料亭「松乃下（英語名ティーハウス・オーガストムーン）」を開く。小畑の訪れた料亭はここだったかもしれない。

沖縄には、上原のほかにも、自ら船に乗って漁業団を組織し、陸に揚がった後は国際通りの土産物店で財をなし、沖縄独立を叫んだ「女傑」照屋敏子、占領期に密貿易で名を成した金城夏子など、肝の据わった女たちが多くいた。本土以上に焼き尽くされ、混乱と無からの戦後だったから、女が活躍しやすかったのかもしれない。そこに、女子プロレスが歓迎された素地を見る。

沖縄では観光もした。といっても国際通りも観光地として整備されているわけではなかった。「脳を梅毒にやられたのか、身なりの乱れた女の人が道端で寝転んでいたり。夜も絶対に自分たちだけで外出しちゃだめだ、って言われた」

米軍統治下で治安が決していいわけではなく、女性が被害にあう不幸な事件も多かった頃だ。一行はひめゆりの塔も訪れた。ひめゆりの塔は、沖縄のなかでも特に戦闘の激しかった本島南部の糸満市に位置する。塔が建てられたのは終戦翌年の一九四六年で、小畑らが訪れた時にはすでにあったが、平和祈念資料館などはまだ建てられていなかった。

「復帰」前のこと、クライスラーの車のタクシーに乗ったら、料金表示はドルとセントだった。

台風にも見舞われた。暴風雨で停電し、ホテルもがたがた揺れて、小畑と佐倉は震えあがった。窓から嵐の様子を見ていると、風雨にけむるなかで、トタンの屋根がぴゃーん、と飛ばされていった。まるで、『オズの魔法使い』で竜巻に吹き飛ばされる家のように。

前述の藤田卯一郎は、そんな台風のなかで一人寝付けず、若い衆も連れてこなかったため、怖がって小畑を呼び出した。

「ちい坊、すぐに来てくれ」

「どうしたの？」

「眠れないんだ。俺が寝るまでそばにいてくれ」

佐倉を連れていこうとしたが、疲れて眠っている。しかたなく小畑は一人で藤田の部屋に行った。何をするわけでもなく、ただ藤田が眠りにつくのをそばで見ていた。寝息をたて始めたのを見て、「もう寝たから帰ろうかな」とひとりごつと、藤田は「やだ、朝まで」とだだをこねた。大物でこわもてだが純粋でかわいいところがあった。心を許した人だけに見せた顔なのだろう。

九月二六日付の琉球新報の朝夕刊では、台風フェイが沖縄で猛威を振るった様子が報じられている。瞬間最大風速が六〇メートルを超え、死者も出た。「トタン屋吹っ飛ぶ　あっという間に四散」という、小畑が見た光景そのままの記事も出ている。

小畑は沖縄で初めてのロレックスの時計を買った。もちろんドル払いだ。現金払いで、当時六五万円くらいだった。どこへ行く時も、小畑は一〇〇万円以上金を持っていっていた。税関で逃れるため、ブラジャーの中に隠して本土に持ち帰ったという。

韓国、沖縄、そしてハワイへ

小畑と佐倉が訪れた韓国に沖縄。共通するのは、日本(本土)との間に不幸な歴史があり、時に差別の対象になってきた場所ということだ。やくざや芸能界とのつながりが強かったのもこのためだ。これはプロレスとも重なる。いや正確にいえば、なぜプロレス興行が韓国と沖縄でなされたのかは、この線でつながっている。当時はまだ日本から訪れる人も少なかった。誤解を恐れずにいえば、韓国、沖縄、プロレスは日本からみれば、虐げられたもの、はみだしたものが紡いできた歴史なのだ。

女子プロレスは、「女性」という点でさらに差別が一枚加わる。だからこそ小畑は誇りをもって目線を高くし、闘い続けてきた。そしてこの場所もまた、その地続きであるといえるだろう。

ハワイである。

一九世紀以降、日本から多くの移民が渡っていった。最初の移民は一八六八(明治元)年で、ハワイが米国に併合されたのはその三〇年後だ。日本からの移民は一九二四年に米国の新移民法が禁じるまで続き、その数は合計二〇万人以上と推測される。沖縄出身者はその中でもかなりの割合を占め、多くはサトウキビ農場で過酷な労働に従事した。今は楽園のような地だが、日本人移民の差別があり、太平洋戦争時に真珠湾が攻撃され、多くの日本人移民が収容所行きとなった。

ハワイ到着後の記念写真

そもそも一八九八年に米国領となるまでハワイにはカメハメハ一世を開祖とする王朝があった。それを米国が武力で転覆した土地である。もともとの住民からすれば収奪と搾取の歴史なのだ。

小畑はハワイにも興業に行っている。初めて行ったのは、一九六五(昭和四〇)年一二月だ。まだ一ドルが三六〇円の固定レートで、日本人の海外旅行が自由化されたのはその一年前のことだった。小畑家とハワイの縁は深く、米軍の兵士と結婚した姉の文子は基地のあるハワイにも住み、かの地のパンチボウル墓地に夫と共に眠っている。妹の清子もハワイに住んでいたことがある。

小畑が初めてハワイに行ったのも、清子がきっかけだった。一緒に東京女子プロレスで活動していた清子は、団体が解散する前にけががもとで早々と引退。友人に誘われてハワイに行っていた清子から、声がかかった。小畑は佐倉らと四人で渡航。羽田からパンナム（パンアメリカン航空）のプロペラ機で行ったという。

興行場所はホノルルにあったナイトクラブ、オアシス。パチャコという名の夫妻が経営していた。そのクラブで週六日、試合をすることになったのだ。ナイトクラブといっても相当の大箱である。ボクシング用のリングを設営しても、広々としていた。ミセス・パチャコは広島出身の日系二世だった。「ミス・トウキョウ」や「ミス・クマモト」らがクラブでプロレスの試合をした、と当時のローカル紙に記事が載っている。

一九六五年、ハワイでの夢の生活

ハワイに着くと二人はすぐ水着を買いにいった。初めてセパレートに挑戦した。かごバッグ、きれいな石のついたビーチサンダル、ムームー、大きな麦わら帽子を買って即着替えた。小畑も佐倉もハワイの魅力にすぐ取りつかれた。気候がよく海がきれいで食べ物もおいしく、人もいい。

朝はゆっくり起きて、昼間はワイキキのビーチでのんびり甲羅干し。お腹がすいたら水着のままビーチクラブのバーカウンターでどでかいハンバーガーにかぶりつき、トロピカルドリンクで流し込む。カウンターの中で給仕をするのはロコガール。胸と腰に布を巻きつけていて褐色の肌によく似合っていた。夜になったら試合だ。まるで夢の世界だった。

ハワイには日本にない食べ物がたくさんあった。たとえば、サイミン。ハワイ発祥のラーメンによく似た麺料理だ。

「エビの白いスープがおいしくてね。ピザも初めて食べた。アイスクリームも毎日食べた。あの味は忘れられないね。大きなチョコレートがコーンの上にのっかって、一ドル二五セントだった。ケンタッキーのチキンも。日本にはまだないじゃない。四人だからバケツで買ってきてね、海辺でばかばか食べた。ハンバーガーは網焼きで、自分で好きな具を選んで入れてもらうの」

パチャコの持つコンドミニアムを一室借り、アメ車のレンタカーを乗り回し、パーティにもしょっちゅう誘われた。お客さんに食事に連れていかれ、ドライブインシアターで映画も見た。当時の日本人が憧れた豊かなアメリカン・ライフそのものだった。

仲のいい現地の友人もできた。

「パリーっていうミュージシャン。旦那と二人でバンドを組んでた。ビーチでたまたま目が合って友達になって、いろいろなところに連れていってくれて、たくさん人を紹介してもらった」

危うく波にのまれて死にかけたこともある。ノースショアは、三階建てのビルを越えるほどの高さになることもあるという大波が来るサーフィンの名所だが、そんな場所で小畑は海遊びをしていたのだった。

日々豪勢に暮らし、結局、ハワイには九カ月いた。三カ月興行して残りの半年は遊んで暮らした。前半で稼いだお金を後半できれいさっぱり、使ってしまったのだった。

大好きになったハワイだったが、ここで小畑は大けがをしている。来てからまだ一週間ほどのことだった。ロープ上段からのニードロップを失敗、左脚を伸ばしたまま床に激突させ、膝の靱帯を傷つけてしまった。試合が終わると、みるみるうちに腫れ上がり、膝が曲げられなくなった。救急車で運ばれたが、ＭＲＩもない時代。原因がわからず、動かないように石膏のギプスをはめられたら、筋肉がやせてしまった。結局痛いまま三週間ほどで復帰し、試合をした。

それから毎日、筋肉を回復させるために足に五キロの砂袋をつけて一時間ほど、歩いた。ひたすら歩く。それから海に入って立ち泳ぎ。すると、動かなかった脚も多少自由になった。

しかし、帰国後もこのけがは後をひく。寒くなると歩けなくなるほどの痛みが出ることもあった。すっかりハワイが気に入った小畑は、この後二年ほど、ハワイと日本を往復して暮らしていた。てっとり早くいえば、優雅に遊び暮らしたわけだ。この間、プロレスはしていない。

とはいえ、プロレスを諦めたわけではなかった。この時すでに小畑は三〇代にさしかかる頃だ。

「引退なんてまったく考えなかった。まず治す」

やがて少しずつ練習を再開、興行もするようになっていった。

韓国、沖縄、ハワイ。虐げられた者の歴史がある地はまた、米軍基地があり、一九五〇年代と六〇年代、冷戦真っ只中の東西が向き合うフロントラインでもあった。

その最前線の地で小畑たちはあくまでも自由に、のびのびと闘った。そこには国や権力の思惑も渦巻いていたが、小畑らはハワイで遊び、韓国で親善をし、沖縄で興行した。

そののびやかさは新たな新天地を見出すことになる。テレビである。一九六八年に白石剛達に見出された時、小畑は三二歳になっていた。

第6章

プロレスに青春を賭けて

——後輩・千草京子

小畑、佐倉に囲まれた千草

「男よりすごいじゃん」

小畑や佐倉と一緒に女子プロレスをしていた選手に話が聞きたい。

彼女たちの息遣いをごく身近で感じていた人に会いたい。当時の空気を何とか知りたい。

しかしこれも困難を極めた。そもそも今でも小畑たちが連絡を取り続けている選手がほとんどいない。多くが亡くなっていたり、音信不通になってしまっていた。

唯一、連絡をとれたのが千草京子だった。

千草は一九五〇(昭和二五)年生まれ。佐倉の一回り下だ。テレビで見た小畑の姿に憧れて中村守恵率いる日本女子プロレスに入門、解散後も国際プロレスで小畑、佐倉に続く三人目の女子部の選手として活躍した。彼女の映像は国際プロレスのDVDで見ることができる。赤い水着に赤いリングシューズ、アフロヘアが可愛らしい。若さのみなぎる、はつらつとしたプレーが特徴だ。

千草は千葉市で育った。リングネームの「千草」は、彼女の住んでいた町の名前に由来する。

身長は一六二センチと、当時としては大きいほうだったが、小さい頃から気管支喘息を患い、体が弱くて中学時代は体育の授業もすべて見学していた。運動とはほど遠い生活だった。

それなのに、なぜ女子プロレスの選手になったのだろうか。

プロレスに出会ったのはテレビだ。最初は女子ではない。祖父と共に当時一大ブームを呼んだ力道山の試合を見ていた。力道山は一九六三年に亡くなっているから、一九六八年に放映の始まった女子の試合を目にするまで五年ほどのブランクがあることになる。

中学を卒業し、家事を手伝っていた頃、

「女子が初めてテレビに出て、「うわあ、女子があるんだ」と思って。毎週見ました」

テレビの中で繰り広げられる光景にど肝を抜かれ、衝撃を受けた。息をのみ、身動きできないほどに。雷に打たれたようだった。

女の人が、こんなふうにできるんだ。時に小気味よくテクニックをきかせ、スピーディーに動き回る。時にパワフルに押しまくり、圧倒する。技の連続、連携があり、しかも華やかに魅了する。テレビの中の小畑と佐倉は自信に満ちあふれ、輝いていた。

「えっ、女の人もこんなにできるの？　力道山は小さい時の記憶だから、技なんかはあまり覚えてないじゃないですか。衝撃を受けた。「男よりすごいじゃん」と。スピードがある。「すごい」しかないんですよ、私にとっては。女子は、男子と違って技を次から次へとやっていくから」

千草のように、自由に生き生きと闘う女たちに魅せられ、胸の高まりを覚え、勇気をもらった少女たちは少なくなかった。

木曜日の一九時半、東京12チャンネル。レギュラー枠での女子プロレスの放映日には、テレビの前に座って必ず、必ず見た。大切な大切な、自分だけの時間だった。母親や父親に何を言われても、無視。ただただ集中して見ていた。他には何も目に入らず、聞こえもしなかった。
「どんなことがあっても見てた。何もやらない。とんでもない」

ジェンダーの固定観念を覆した女子プロレスラー

この気持は、筆者も共有する。まさに「わかる！」のだ。

女子プロレスを初めて見た時の驚きと衝撃。それを感じたとき筆者は小学生で、小畑らはとうにリングから降りたあと、ビューティ・ペアの時代だったが、あの気持は忘れられない。それは千草の経験そのままだったのだ。

筆者は千草よりも二〇歳近く年下で、特にしつけの厳しい家というわけでもなかったが、女性といえば女らしく、おしとやかに、それがあたりまえだった。弟がいたが、父親が帰宅したら、着替えの際に背広を受け取ってハンガーにかけ、ブラシをあて、母親がつくった夕食を食卓に運んで給仕するのは娘の役割だった。もちろん、父親への敬意と感謝の念の表れでもあるわけだが、何よりもそれが「女性のする仕事」だったから、だ。ゆえに弟がそれを強いられることはなかったのだ。当時の筆者は特に疑問も持たず、日々手伝っていた。昭和の時代の、ごく普通の一般家庭の教育だったろう。男のすること。女のすること。性別役割分担が刷り込まれていた。

ところが、目の前のこの女性たちはそれに堂々とアンチテーゼを突き付けているではないか。女らしさの新たな概念を見せつけられたのだ。

かっこよさと美しさというのは同居できるのだと、その時初めて知った。しかも、普段は闘わない女性が獰猛になるからこそ、感情移入できる。男が闘うなど今さら何も面白くない。普段は静かな、闘わない性だと思われている女性が一転、鋭い目線で、激しく猛り狂うからこそ、がんばれ！　やれ！　と心から熱く思うのだ。心の中で眠っていたものがかき立てられた。

前述したように、女子プロレスのテレビ中継があった年は、東映の『緋牡丹博徒』シリーズが封切られて多くの観客を集めた。だが、千草ら少女たちは『緋牡丹博徒』の観客ではなかった。それとは別に、自由に闘う、勇敢で美しい女性たちに魅せられたのだ。

小畑や佐倉は抑圧からの解放、解き放たれた女性たちの象徴なのだった。

ジェンダーの意識や知識があったわけではない。女子プロレスに惹きつけられるほとんどの女性がそうであろう。本能のなせる業なのだ。だからこそ意味がある。私たちの意識の奥底に深く深く植え付けられた女性とはこうあるもの、ジェンダーの固定観念を女子プロレスラーたちは覆してくれたのだ。これはイデオロギーではなかった。実際は男性に使われていたのだとしても、目の前の彼女たちは確かに闘っていた。しかも美しく、かわいく、魅力的だった。

技もすばらしかった。一歩間違えれば死につながりかねない危険な技に、勇猛果敢に取り組む姿を見せてくれている。その恐ろしさをも本能的に、直観した。死の淵がごく近くに、ぱっくりと口を開けて存在していることも、吸い寄せられる理由かもしれない。思春期と死には親和性がある。だからこそ女子プロレスに熱狂したのだ。千草も、筆者も、多くの少女たちも。

女性が闘うことでもたらす解放。

そして、女性ならではのスピード感、機動力、柔軟性。さらには見目麗しさ。アクロバティックな技とパワー。また、ショースポーツならではの演劇的な面白さもあった。優れたプロレスラーは俳優並みの演技力を、名監督の演出力を持つ。観客を惹きつけ、手のひらに載せて楽しませなければならないのだから、あたりまえかもしれない。また、「お約束」をして満足させてくれることも必要なのだ。歌舞伎俳優が見栄を切るように。決め台詞を放つように。

一試合それだけでも起承転結のあるストーリーであり、試合の積み重ねもまた物語を紡いでいく行為だ。そこには笑いもあれば涙もある。単なる筋書きではない、そんなものはすぐに見破られる。観客の反応を見ながら臨機応変に組み立てていかねばならない。加えて、生身の人間同士のぶつかり合いは自分の思惑だけではどうにもならない。だから難しい。だから面白い。

体操競技や新体操にフィギュアスケート、柔道に空手に歌舞伎、宝塚、新劇、それもコメディとギリシャ悲劇にシェイクスピア、サーカスとシンクロナイズドスイミング、そしてもちろんアマチュアレスリング、それらすべてが合わさったようなもの……、それが女子プロレスなのだ。

アントニオ猪木はプロレスについて、自伝でこう書いている。

その頃考えていたのは、真剣勝負に芸術性を持たせるにはどうしたらいいか、ということだった。茶番劇では誰も見てくれないだろう。しかしいくら真剣勝負といっても、殺し合いを見せるわけにはいかない。力道山の空手チョップが日本人の無意識の中にある「怒り」の表現だったように、殺伐とした闘いの中でも、今の時代の観客を感動させることが出来る筈だ…。
（『猪木寛至自伝』新潮社、一九九八年）

小畑と佐倉の場合は、あくまでも正統派、オーソドックスな攻防にこだわった。王道である。だから、彼女たちの試合は今見ても古びていない。時代を超えた普遍性、輝きを保っている。

雑誌で見つけた女子プロレスラー募集広告

少女たちは小畑、佐倉の試合を見逃すわけにはいかなかった。テレビでやる三〇分は宝物のように貴重な時間、没入して見る時間だったのだ。

千草はそこからさらに一歩、進んだ。ある日、偶然にも女子レスラー募集の記事を見つけた。

「『明星』だったか『平凡』だったか。見ていたら募集が載っていたの。わあ、あった！　って」

中村守恵の日本女子プロレスの募集広告だった。

これぞ僥倖、神様の引き合わせ。雑誌を抱えて小躍りした。

千草は、決して饒舌なタイプではない。むしろ言葉が重いほうだと言ってもいいだろう。学校では決して目立つほうではなく、静かだっただろうと思わせる。取材時にも、あれこれ自分から話すのではなく、聞かれてから ゆっくり考えて、話し始めてからも一つ一つ考えながら言葉を発する。だが、プロレスのことになると、六〇歳を過ぎた今でも目がきらきらとして、身を乗り出して生き生きと話し出す。表情が一変し、肌がつやつやして、上気し、ほんのりと赤みを帯びる。

女子プロレスラーを見ていると、いくつかの類型に分けられるように思う。

一つはパワーファイターで、ボーイッシュな選手だ。小畑に代表される「本流」だ。もう一つは、これと対照的な女性らしさを前面に押し出すタイプ。クール・ビューティ、試合ではしなやかに闘う「女豹」型で、佐倉はここにあてはまる。

もう一つ、一見普通、スポーツもしなさそうでおとなしそうだが、試合になると人が変わってしまうタイプがいる。千草がこれだろう。普段は静かでにこにこしているのに、試合になると急に声を出し、猛々しく激しく向かっていく。人間とはわからないものだ、と一番思わせるのがこのタイプである。だから女子プロレスは面白い。

さて、千草はすぐさま親に見つからないようにその募集広告をていねいに切り取り、洋服のポケットに入れた。そして、躍動する胸の鼓動を行動に表すように、そのまま家を出た。女子プロレスの面接に向かったのだ。何かに突き動かされるように。家にこもりがちだった、病弱な少女とはとても思えない。

「そういう時の行動力は、我ながらすごいんですよ」

黄色い電車に揺られて

駅にまっすぐ向かうと、ポケットから大切な切り抜きを取り出して駅員に見せた。

「ここへは、どうやって行けばいいですか」

そう外出するほうでもなかったから、書いてある住所も、東京であるとはわかったもののそれ以上は見当がつかなかった。電車にも一人でほとんど乗ったことがなかった。駅員は、「一本線だから、市ケ谷というところで降りなさい」と教えてくれた。

千草の住んでいた駅は、千葉から御茶ノ水や新宿を通って中野や三鷹へと至る黄色い電車の総武線鈍行の新検見川だ。市ケ谷は新宿の数駅手前だから、電車で一本だった。千草の姿は頼りなげに見えたのか、駅員はこうも言った。

「市ケ谷の駅に行ったら、そこでまたこれを見せて聞きなさい」

千草はもう止まらない。憧れの女子プロレスに向かって一直線だ。

「力道山を見ていたでしょう？　今度、先生(小畑のこと)を見たでしょう？　「わあ、女子って、あるんだな。こういう強い人になれたらいいな」と思って。ひどい運動じゃん？　軽い運動じゃないでしょう？　今まで、ずっとたまってきていたものが出たの」

何かが一気に千草の中で爆発したのだった。

新検見川から市ケ谷まで黄色い電車に揺られて一時間。あっという間のようでもあり、ものすごく長い時間のようでもあった。夢を見ているようでもあり、焦れてあせって、気が急いてたまらなくもあった。市ケ谷に着くと、千草は言われた通り駅員にまた大事に切り抜きを見せた。

「ああ、ここなら近いですよ。そこの坂をのぼって、左に曲がればすぐです」

胸の高まりを感じながら、道を急ぐ。

「左に曲がったら、すぐだったの」。まるで昨日のことのように、記憶は鮮やかだ。あの女子プロレスに自分も入れるかもしれない。今、そこに向かって自分が歩いている。

面接はごく簡単だった。いくつか質問されて、顔と体を眺められて、「親のはんこをもらってきなさい」。それで終わり。

「実印だ。実印があるところは知っているから」

もう止まらない。実印を押して持ってくればいいんだ。そうしたら女子プロレスに入れる。

また一直線に総武線に乗って家に帰る。熱に浮かされたように、下着やら洗面道具やら、荷物をまとめてボストンバッグに詰める。渡された書類に自分であれこれ記入して、保護者の欄には自分で書いたとわからないように、親の名前は左手でペンを握って書いた。引き出しを探って実印を探しあて、押して、さあ行くぞ、というところで両親に見つかった。まったく普段の千草らしからぬ行動に、両親は驚き、あきれるばかり。

「実は、女子プロレスへ行くんだ。もう言ってきたから」

両親は意思の固そうな千草を見ると、引き留めはしなかった。

「(私が)言ったら聞かないのはわかっているから」

父親が市ケ谷までついてきてくれ、「がんばれよ」と見送ってくれた。

「どうせ、気管支で大変だから、すぐに帰ってくると親は思ったの」

その日から合宿生活が始まった。千草はまだ一七歳だった。

四谷の合宿所

千草は「すぐに帰」らなかった。

合宿所と道場は四谷の新宿通り沿いにある文化放送の前にあった。少女たち一〇人ほどが一緒に寝泊まりをして、練習をした。雑誌の広告を見て入門した同期は千草の他に二人いた。

毎日のトレーニングは、朝のマラソンから始まった。四谷から代々木のオリンピック公園に向かい、ぐるっと一周して戻ってくる。一〇キロにも満たないほどだ。だが、気管支喘息を患っていた千草にとっては一キロですらつらかった。のどがすぐにゼイゼイしてきて、苦しくなり、息が続かない。一計を案じた。

「だから、私はずるしてたの。四ツ谷のところにポリスボックスがあったの。そこに隠れた」

最初のうちは、単調でつらいトレーニングが続く。同期の二人は、ほどなく消えてしまった。

しかし千草は、やめようとは思わなかった。あんなに憧れた女子プロレスだ。そう簡単にやめてたまるものか。

「親への意地もあるのかな。すぐに帰ってくるんじゃないかと思ってただろうから。千草町って田舎だったし、私が女子プロレスに入ったと隣の人が聞いて、ぱーっと(噂が近所に広がって)、帰れなかった」

さぼりながら、休みながらも毎日走り続けるうちに、少しずつ距離も伸びていった。それとともに、自信もふくらんでいった。私にもできるのかもしれない。女子プロレスラーになれるのかもしれない。リングに上がれるかもしれない。

今日はそこまで。明日はもうちょっとがんばってあそこまで。あさっては、さらにその先へ。それはいつか、リングへと続いている。

「昔、聞いていたんです。運動をしたら気管支喘息も治るよって。でも夜、咳をするとご近所さんに聞こえるような声だったから。のどが切れて血が出るくらいだったんだけど」

走り込みの次は、道場での練習だ。まず受け身だ。コーチは小畑らと同じ、木下幸一だった。柔道出身の木下の指導は、小畑らの時と同じく徹底的に受け身を重視した。

「下に青い、固い畳を敷いて。痛くて痛くて、全身青タンが。あちこち痛いじゃん。足をこうやって、びっこ引いて道場から帰ったりね」

せっかく道場での練習まで到達したのにデビューするまでもたず、夜逃げした仲間もいた。

「朝、起きたら、荷物ごといないの。そういう人、けっこういました」

新潟での興行でデビュー

しかしこの関門を抜ければデビューの機会は意外に早く、道場の練習を始めてから一カ月半ほどでやってきた。新潟での興行だった。前座としてリングに上がる。

「ドキドキしたよ。最初に出るわけじゃん。ドキドキしてたら、木下先生が「みんな、人間だと思うんじゃない。カボチャだと思え」って。「ええっ」と言ったら、「大丈夫だから」と言われて上がったら、何でもないの。上がったら、全然できるの」

「カボチャと思え」というのは、小畑がデビューする時にも木下が言ったのと同じ言葉だ。

ついに夢に見たプロレスのリングに上がる日がやってきたのだ。リングに上がった瞬間は、輝いていたに違いない。

「『自分もやったんだ！』って。『上がったんだ、このリングに』って。だって、テレビで見ていた、あのリングにね」

どたんばたんと新人同士で組み合う。ドロップキック、一本背負い、巴投げ。とにかく、教わった技を拙いながらも次から次へと出していく。無我夢中の一五分はあっという間に過ぎた。時間切れの引き分けだった。

楽しかった。うれしかった。達成感があった。もう、どんなにつらくても耐えられる。

私は、女子プロレスラーになったんだ。あの憧れていたリングに、私は今上がっているんだ。テレビで見ていたあの世界に。私も、その一員になったんだ。夢を実現したんだ。まだまだひよっこだけど、それでも、夢の地平線の向こうに来たのだ。

そして、次なる夢を千草はかなえる。テレビに出たのだ。自分がお茶の間で座って見ていたあの場に、自分が登場したのだ。しかも、後楽園ホールで。若手のバトルロイヤルだった。

後楽園ホールは格闘技の「聖地」だ。ボクシングやプロレス、キックボクシング。前座から世界タイトルマッチまで、あらゆる格闘技がここで催されてきた。そこで自分がやる。

「後楽園ホールでやるというのは、やっぱりすごいことなんだよね。あの時は八人ぐらい出ていたでしょう。後楽園ホールは夢でした。夢だから、「やった！」と、すごくうれしくて」

千草は試合後、高揚感に満ち、興奮冷めやらぬままに頬を紅潮させ、汗で湯気の立つようなジャージ姿で後楽園ホールの公衆電話から親に電話した。

「私、後楽園ホールでやったんだよ！　今、終わったんだよ！」

イメージカラーは赤

やがて千草のイメージカラーは赤に決まった。コスチュームからガウン、ブーツまですべて赤で揃えられた。

試合が始まる時、コーナーで待機する。アナウンサーが「ちぐーさー、きょうこーー！」とコールする。おもむろに、リングの真ん中に進んで、くるっと回って四方の客に顔を見せ、一礼する。すると、スーパーマンのマントのように長く裾の広い赤いガウンが、目にも鮮やかにぱあっと広がった。それを見るのが好きだった。

デビューした後も、千草にとって小畑は憧れの人であり続けた。彼女のようになりたくて矢も楯もたまらず入門したわけだが。

「初めて見た時は、雲の上の人みたいでね。しゃべれなかったですよ。「この人、テレビに出ている人だ」と思って。そりゃあ、もうすごいよ。足下にも及ばない。試合にしても、迫力というの？　すごいんだから、リングへ上がると。外人は大きいじゃん？　ちいちゃんは、そんなに大きくないでしょう。でも、大きく感じる。私たちとは天と地の差じゃないですか。外人に立ち向かっていく気迫とか、技も」

テレビとは比べものにならない至近距離で、小畑の繰り出すパワーを生かしたダイナミックな技を直に見て千草は憧れ、酔いしれ、いつかはああなりたいと願った。豪快に放り出すブレーンバスター、相手の両足を持って、自分が独楽《こま》の中心になったようにしてぐるぐる回るジャイアントスイング、じっくり見せるつり天井・ロメロスペシャル……。技だけではない。観客を沸かせ、興奮させ、巻き込むプロフェッショナルなアスリートであり、エンタテイナーでもある。

少しでも近づきたい。そう思って日々の練習を重ねた。

「でも、最後まで、そこまではいかなかったですね。やっぱり及ばなかった」

佐倉の俊敏ですばしこい動きも好きだった。

「テリーさんはすごくスピードがあります。軽いからね。それで連続技をぴゃっとやる」

そんなスターの二人は、千草に優しかった。千草は、リングの外でジャージ姿で下働きをしながら二人を見ていた。試合中の二人は、「闘いの目」をしていた。

「ものすごい気迫だから。怖いんです。だから普段も怖いのかなと思って」

それが、試合が終わると一変し、優しい顔になった。

「がんばってやってね」「負けないでよ」

千草は「はい」「ありがとうございます」と答えるのが精いっぱいだったが、それがとても励みになった。千草ら若手と小畑と佐倉は練習も別。もちろん住んでいるのも合宿所ではなく、浅草のマンションだ。興行の時の移動も、千草ら若手はバスだったが、小畑たちは飛行機だった。

「私らは夜発ち。試合が終わったら、バスの中で寝て。北海道で終わっても、夜発ちの時がありましたもんね。青森とか仙台、楽しいのは楽しいよね」

たとえハードな日程でも、そこは若さで乗り切れる。みんなでわいわい、一緒に夜行バスで行くのもまた楽しいと思える年齢だった。

地方を巡業して廻っていた時、今でも忘れられないことがある。九州の田舎に行った時のことだ。幹線道路沿いにちょっと大きめの喫茶店があったので、コーヒーでも飲んでいこうということになった。千草はウィンナーコーヒーを注文した。すると、ウエイトレスは首をかしげていたが、そのままオーダーをとってひっこんだ。だが、みんなのコーヒーや紅茶は出てくるのに、千草のウィンナーコーヒーだけがこない。

「どうしたんですか。なんでこないんですか」と聞くと、「今、炒めてますから」という。運ばれてきたものを見ると、赤いウィンナーが一本、コーヒーの中に入っていた。香ばしく炒められ、コーヒーには油が浮いていた。

「もう、びっくりしてねえ。大笑い」

小畑は千草に「お前は早くそれを口にくわえて外に出なさい。私がちゃんと言うから」。

「足をコン、ってされてね。もちろん、急いでウィンナーを口に入れて外に出ましたよ」

小畑と佐倉に数十年ぶりほどで会った時「ほら、あのウィンナー、ねえ」と三人で笑い転げた。

東南アジアツアー中に見た浅間山荘中継

巡業では、中年の女性が興奮のあまりなのか、小畑の試合中に心臓発作を起こしたことがあった。野外でやった試合だった。観戦中に卒倒し、救急車が呼ばれて担架で運ばれて行った。千草がその様子を見ていると、横になった女性の胸のあたりから小さな輪っかがぽん、と浮くのが見えた。そして大きくなったかと思うとすぐ、しゅーっとすぼんで消えた。

「ひとだま」だ。

「見たんですよ。亡くなったんですよ。あの時、四十幾つの人ですよ。他の場所でもそういうことがあった。だから、「心臓の弱い人、興奮をする人はやめてください」って断るんだけど、入ってきちゃうの」

すっかり健康になった千草は真っ黒に日焼けし、パーマをかけてカーリーヘアにした。小畑はよく、冗談半分に、試合で「日本人じゃない」と千草のことを紹介した。

「ジャカルタから拾ってきたんです。空港にいたから、連れてきたんです」

本気にする客もいた。「かわいそうに」「親に会いたくないのか」と泣かれたこともあった。

「信じちゃうんだもん」と千草は夢を見るように話す。本気にされるとますます小畑は調子にのる。

「空港の横で、まっ黒なのが泣いてたから拾ってきたよ」

「言う人によって、いろいろ変えるんだもん」と言いながら千草は、スターにネタにされたことがうれし恥ずかし、照れくさそうだった。

ナイトクラブなどで試合をすることもあった。リングは組めないから、マットを敷いて、ロープは張らずに試合をする。終わって席に呼ばれると、よくご祝儀をもらった。

東南アジアにも巡業で行った。ただし、小畑と佐倉は同行していない。「ジャカルタ、スラバヤ、マラン、クアラルンプール、シンガポール、イポー」。インドネシアとマレーシアの都市を千草はまるで昨日行ってきたかのようにすらすらと場所を列挙した。国内の巡業地でもここまで鮮明に覚えていないのに。よほど印象が強かったのであろう。女子選手が四人、ミゼットプロレスの選手二人が同行した。

「ただで行かせてもらってねえ」

仕事なのに、千草はそんな言い方をする。本当に楽しくて仕方のなかった日々だったと想像できる。一九七二年二月のことだった。ちょうど、連合赤軍の浅間山荘事件があった時だ。

「あれをシンガポールで見ていたんですよ。通訳の人が「日本、大変なことになっています」と言いに来て、テレビでやっていたから。そうしたら、ちょうど丸い鉄球で壊すところで」

千草にとってはそれが初めての飛行機、初めての海外旅行だった。一カ所に一週間ずつ滞在して計四五日間の長旅だった。ジャカルタではグランドキャバレーで興行した。客は現地の人たちだった。シンガポールでは毎日日本食レストランへ連れて行ってもらい、母へのお土産に指輪を買った。指輪が税関でひっかからないように、化粧落としのクレンジングクリームの中に隠したが、税関でのチェックはなく、「ご苦労さま」と、そのまま通してくれた。「日本女子プロレス」とそれぞれの名前が背中に入った揃いのジャンパーを着た千草たちを特別扱いにしてくれたのだ。

千草にもファンがつき、熊のぬいぐるみをもらった。今でも家に飾ってある。

歯が二本、リングに落ちていた

つらいことももちろんある。ひどいけがもした。

試合中に、ロープが顔に直撃して歯が四本、折れたことがあった。九州・佐賀での試合のことだ。小畑とタッグを組んで試合をしていた時に、顔からロープに突っ込んでしまったのだ。口がロープにぶちあたった。口内から見る見る血があふれ出してくる。歯が二本、リングに落ちているのが見えた。舌で口内をこわごわ探ると、上の前歯がなくなっていたうえに、二本が口の内側から頬に突き刺さっていた。

「ああ、やった」と思ったの。痛いっていうより、やっちゃった、って思った」

「やめていいよ」小畑は声をかけた。

「いいです。降りません」

口にたまった血をバケツに吐きすて、頬に刺さった歯は自分で抜いて、それもバケツに投げ入れた。真っ赤な血と唾が混じった中に、折れた白い歯が二本、浮いていた。

そこまでの闘志で向かった試合は勝った。病院には行かず、塩水でうがい。それでおしまい。一通り地方を廻る興行が終わるまではそれで乗り切って、東京に帰ってから差し歯を作った。

鼻の骨を折ったこともある。こちらは国際プロレスになってから、名古屋の金山体育館だった。外人とシングルで対戦して、膝蹴りが鼻の上部に入った。体を動かして血の巡りがよくなっているうえに、顔は出血しやすいから、ものすごい量の血が噴き出した。押さえても押さえても噴き出してくる。あまりの血の量に、この時は試合が続けられず、ギブアップした。その晩、小畑は千草の横についてずっと冷やしてくれていた。

一九七二年、中村は東南アジアでの興行後、日本女子プロレスを解散した。

千草は当時住んでいた新宿・河田町の近くにあった東京女子医科大学の病院で店員のアルバイトをしていたが、小畑から国際プロレスに参加するから一緒にどうかと声をかけられた。一九七四年のことだった。

「この子しか人間性がよくなかったからね。あとのフーテンは信じることができなかった」と小畑。

「そりゃあ、うれしかった。何ていうかな、言い表せない。声をかけられたということがね」

好きなプロレスを続けられる。しかも、あの憧れの人たちが自分を選んでくれた。千草はすぐに浅草に引っ越して、小畑たちの家のごく近くにアパートを借りた。試合のない日は昼からトレーニングをするのが日課だった。午前中はアパートの近所のコインランドリーへ行って、洗濯をする。それから三人で墨田公園に走りに行く。その後、喫茶店に行って食事をする。泪橋近くにあった柔道の道場を借りて、練習に使った。

埼玉にあった国際プロレスの道場に練習に行った時、千草は大けがをした。せっかくリングがあるからと、ロープから場外に飛び降りる練習をしていて、床に置いてあったバーベルの上に思い切りジャンプしてしまい、かかとの骨にひびがはいった。でも、松葉杖はつかなかった。足をひきずって歩いた。

「つらかったことは、ないね」

きっぱりと言い切る。プロレスができる楽しさ、うれしさのほうがはるかに勝っているのだ。

国際時代に千草は、ファビュラス・ムーラともシングルマッチをしている。すでにムーラは全盛期を過ぎていたとはいえ、世界的に有名な選手だ。しかも、メーンイベント。越谷での試合だった。さすがに緊張して無我夢中となった。佐倉がリングサイドから、「そこだ！」「今だっ！」「行け！」と指示を出した。千草と目が合うと、「ほら、そこ、足をとって！　チャンス！」。

ドロップに、ベアハッグ。巨体のムーラ相手に動き回った。

千草の俊敏な動きに、ムーラが根をあげそうになったこともあった。結果は敗北。しかし、自分が初めて女子プロレスの試合を見た時に出ていた選手だ。その相手と闘い、千草は善戦した。

「何も覚えてない。ただ、やったということだけよね」

「ミステイク」も習った。客が失礼なことを言ったら、「ミステイク」で締めるのだ。

「見せろ、とか何とか変なヤジ」。そういう時は小畑から「責任を私がとるから行っていいよ」と許可が出た。対戦相手にアイコンタクトをして場外乱闘に持ち込む。客席に乱入していって、千草は相手に「殴るから、逃げろよ」。相手がひょいと身をかわすと、千草のパンチが無礼な客に炸裂した。客はいっぺんで黙った。文句も言われなかった。

輝ける日々

国際プロレス時代には、プライベートでも二人に遊びに連れて行ってもらった。

夏は二人が行きつけの芝のゴルフプールへ。千草は泳げなかったから、泳ぎを習おうとしたが、結局だめだった。

「よく連れて行ってくれるけど、泳げないの。教えてもらっても「浮くっていっても、どうやったら浮くの？」ってわからなくて。それでだめ」

旅行にも連れて行ってもらった。夏は熱川温泉、冬は水上温泉の大穴スキー場だ。若くていろんなところに行って、楽しくて楽しくてしょうがなかった。

佐倉の引退と共に国際の女子部は解散、千草は千葉の実家に帰って生花店の仕事をした。その後、キックボクシングのジムに通い、デビューをして二年ほどリングに上がった。それから引退、結婚、出産した。

その娘はすでに成人しているが、その娘が職場で千草の話をしたことがあった。「母がプロレスをやっていたんです」という話をしたら、職場の上司が小畑のファンだったという。娘は語る。

「今、働いているところのチーフのお母さんがプロレスが好きで、まだチーフが小学生ぐらいだった時に一緒に見ていて、女の人で、最初にヒーローとして憧れたのが小畑さんだったって。小学生だったけど「小畑千代」が頭にあった。チーフも体が弱かったので強い人にすごく憧れたって」

千草にとって、女子プロレスラーだった日々は、何だったのだろう。

「どんな日々って、人生で一番輝ける時じゃなかったのかな」

千草の目はどこか遠くを見つめている。ゆっくり思い出すように、一言一言をかみしめるように語った。

「一番よかった。青春の一番の時代じゃない?」

一番思い出深い試合は?

「全部じゃない?」

千草、小畑、佐倉の３人で

千草は今でもコスチュームを大事に大事にとってある。ガウンも、シューズも、ファンからもらったぬいぐるみも。

千草が「宝物」といっていつも持ち歩いている写真がある。国際時代に、三人でジャージ姿で撮ったものだ。千草と小畑と佐倉。憧れの先輩二人と共に、千草のどことなく恥ずかしそうな、でも誇らしそうな顔が若々しくて初々しい。取材の時にも、バッグから大事そうに出して見せてくれた。

「私、いつも持ってるんだよ。こうやって、どこへ行く時も。いつも持って歩いてる。やっぱり、若い時に大勢といたよりも、一番。かばんを変える時は、入れ直して」

千草はもう六〇も半ば過ぎになる。現役時代からはかなり太ったものの、童顔ということもあって、同年代の女性に比べてかなり若く見える。千草が現役時代を語る時、頬が紅潮して、目が輝きを数倍増し、夢を見るような表情になる。それだけで千草にとって、プロレスの日々がとても大切でかけがえのない宝物のような経験だったと、本当に本当に素敵な、何にも代えられない思い出なのだということがわかる。

千草は、女子プロレスに憧れて、自らを投影した少女たちの代表だ。しかも、自らそこに足を踏み入れた。自分の手で夢を実現したのだ。それは本当に貴く大切な、輝ける日々なのだ。

第7章 わが街、浅草

——夢と思い出と

「バー さくら」開店の頃、店の女の子たちと

東京随一の盛り場、浅草

かつて東京女子プロレスの本拠地で、小畑と佐倉が青春を過ごした街、浅草。

東京女子プロレスが解散した後も二人は浅草から離れることはなかった。バーを開き、今も住み続けている。浅草に生まれ育った女優、故沢村貞子は名エッセイ『私の浅草』(暮しの手帖社、一九七六年)で、浅草に生きる人情厚い人々の思い出や日々の暮らし、街の表情、習俗について細やかに書き記しているが、二人は沢村の姿を見かけることも多かった。いつも渋い結城などの紬を粋に着こなしていた。

「小股の切れ上がった下町っ子よね。派手ではないけれどいい着物を着こなして。帯留めとか小物にお金をかけていいものを身に付けていた。本当の江戸っ子だったわね」(佐倉)

浅草には行きつけの店がたくさんあった。ステーキは「松波」、ふぐは「おかめ」。うなぎは「色川」、焼肉は「とさや」。洋食は「峠」に「セントルイス」。「セントルイス」はフランス座の近くにあり、カレーが有名で新宿中村屋と名を競ったという。井上ひさしの『浅草フランス座の時間』によれば、ロック座に通っていた文豪永井荷風もここのカレーが大好きで、よくひいきの踊り子たちにごちそうしていたという。「弥次喜多」という高級おにぎり屋も好きだった。よく行った国際劇場は浅草ビューホテルに変わってからも常連だ。ラウンジでは一番奥のソファが指定席だ。

喫茶店は「しいの実」がお気に入りだった。「コーヒー飲もう」といっては一日に何度も通った。二階に小畑の「指定席」があり、事務所のようなものだった。いろいろな人が小畑を訪ねてやってきて話をし、コーヒーを飲んでいった。コーヒー代も社員割引と同じく半額だった。まるで、全日本女子プロレス初代会長だった愚連隊出身の万年東一が新宿三越裏の喫茶「白十字」を事務所代わりに使っていたように。佐倉が一時期、ウエイトレスのバイトをしていたこともある。「しいの実」ではモダンジャズがかかり、川路龍子や小月冴子といったＳＫＤのスターもよく出入りしていた。

洋服や靴も浅草のお気に入りの店で仕立ててもらった。ガウンなどのコスチュームはもちろん、コート、ズボンに革のコインローファー。ぜいたく三昧だ。ガウンの布地はもちろんシルクだ。浅草に、国際通りと並行して浅草寺に近い側に「ホッピー通り」といわれる通りがある。椅子が道路にはみ出して煮込み屋や居酒屋がずらっと軒を連ねる街路だ。そこは昔、「韓国部落」で生地屋が並んでいたが、そこで生地を買って仕立ててもらっていた。「孔雀堂」という一九〇七（明治四〇）年創業の高級バッグと財布の専門店では、母にバッグを買ってあげた。

浅草での買い物は持ち合わせがなくても大丈夫だった。宝石店に行って気に入ったものが一〇〇万円でも「これをちょうだい」と言うと「どうぞお持ちください」。「明日もう一度来るから、今手付を払います」と言うと、「そんなこと言わないでもっていってください」。
銀座にも出かけた。ヨシノヤで靴のオーダーを、小松ストアーでコスチューム用のイタリア製の水着を買った。一九六〇年代で二万円や三万円。大卒の初任給が三万四〇〇〇円の時代だ。いかに高価なものを身に付けていたかがわかるだろう。コスチューム用の水着は小松ストアーで年に二〇着は買っていた。気前よく惜しみなくお金を使う小畑と佐倉は上客だった。

三社祭の五月は小畑の血が最もたぎる季節だ。自分の住む浅草東三丁目の町内会神輿と神社のお宮の神輿、両方を担ぐのが恒例だ。もう五〇年ほど、姉の一周忌でハワイに出かけた二〇一五年以外は、毎年担ぎ続けている。八〇歳になった二〇一六年も担いだ。東三丁目町内会青年部の団結や役員たちの相互信頼は強い。総出で場を見守り、仕切る。小畑は町内会の顔、人気者だ。

三社祭の神輿は大人気で、担ぎたい人が殺到する。みんな花形の神輿を担ぎたいから必死だし殺気立っている。早い者勝ち、奪い合いだ。いくら団結力の強い東三丁目町内会といえども、荒々しく人がぶつかりあい、遠慮なんかしていられない。

「すごいよ、半端じゃない。神輿があるところまで行くのに三〇分かかるもん。引っ張られたりまた戻されたり。どうぞ、なんて誰も言わないよ。譲らない。実力がなきゃ入れない」

八〇歳で担いだ二〇一六年も、小畑は二〇代三〇代の男たちの真ん中で、押され、引っ張られ、足も踏まれて押し合い圧《へ》し合いこづきあい、あざだらけになった。今年が最後かもしれない。そう思って思い切りやった。

小畑が神輿を担ぐようになったのは、一九六七年に浅草に自分の店を開いてからだ。当時はまだ夜の一一時頃まで神輿が担げた。プロレスの試合が終わってから急いで帰り、着替えて三社祭に飛び出していくのが毎年の常だった。

「自分でもバカだと思うのよ。あんな痛い思いをして、肩には食い込んで重いし、足も踏まれて。爪なんかもはがれちゃいそうだもん。後ろから蹴られたり。でも、担げなくなったら自分の人生終わりだと思ってる。担いだ人じゃないと、わからないな」

神輿を担ぐ時には、小畑が自分の定位置と決めている場所がある。花棒だ。正面から見て一番前の右左。その名の通り一番目立つ花形の場所だ。そこで担がなければ気がおさまらない。しかし担げるのは左右で四人だけ、競争率は高い。力も必要だから、担げるのはステイタスなのだ。ここも小畑の指定席だ。みなに助けられて担ぎ続けられたことは自慢であり、誇りだ。

「男性でも、七〇過ぎて担いでいる人はそういないんじゃないかな」

神輿のためもあり、今でも小畑は毎日のようにジムに通って体を鍛えている。各種筋トレのマシンをこなしてから腹筋を五〇回。三キロのバーベルをもってスクワットを二五回。エアロビクスのクラスにも出る。五五歳の時に甲状腺がん、七三歳で大腸がんを患ったが、まだまだ元気だ。何せプロレスを引退してはいないのだから。

「現役だもん、いつでもリングに上がれる。そのために鍛えているの」

「怠慢な商売」が「バカはやり」

小畑と佐倉が浅草にバーを開いたのは一九六七年だ。

小畑がハワイでけがをして帰国した一九六六年以降、小畑はしばらく試合には出ず、療養したり、倦むとまたハワイに遊びに行ったり、という生活を続けた。当時の日本の一般的な生活水準からすると夢のような暮らしだが、要は遊んでいたわけだ。

そんな時、お店をやらないかと声をかけられた。佐倉は前からウエイトレスをやるなど飲食店に興味があり、乗ってみることにした。インディペンデントの興行をするのに、プロレスラーの若い女性を何人か抱えていたこともあり、もしプロレスができなくなっても、お店をすれば彼女たちの面倒を見ることもできる。健康的なお店を作ればいい。

そうしたら、「バカはやり」。

決して広くはない。浅草寺の裏手、言問通りからちょっと入ったところ、有名な大学芋の店の近くで、飲食店が立ち並ぶ界隈にその店「バー　さくら」はあった。店のドアを開ければすぐに店内がすべて見渡せるほどの広さだった。入って右側にぎっしり詰めて一〇人が入れるカウンター。左奥には四人がけのテーブルが一つ。カウンターの奥に置いた子どもの背丈くらいの冷蔵庫は、小畑が背負って店に運び込んだ。二〇一一(平成二三)年、震災後の三月三〇日に店を閉じるまで、その冷蔵庫は現役で働き続けた。

テーブルの奥、入って正面には一メートル四方の、蔵前国技館で小畑がやった試合の大きな写真が飾ってあった。記念すべき一九六八年一一月の試合だ。モノクロで、小畑がファビュラス・ムーラを担ぎ上げているところをとらえたものだった(カバー写真参照)。

連日、開店準備を終えて中からドアを開けると、客が行列をなして待っていた。時間つぶしに近所の喫茶店で待っていてもらい、席が空いたら呼びに行くことにしていた。迎えに行くのを忘れて、しびれを切らしたお客さんが「何時間待ったら呼んでくれるの」とやってきたこともあった。「怠慢な商売」だった。

店の名前は佐倉輝美の名字からとり、「さくら」とつけた。

開店当時、浅草は皮革関連商品の製造が全盛期だった。靴にバッグ、ベルト。桜が咲く頃に、人々が「さくら」に花見に押し寄せた。「お花見にさくらに行こうか」が合い言葉だった。

三社祭の時、店の前で

浅草で皮産業が盛んになったのははるか昔、戦国時代からだ。江戸幕府には、代々引き継がれる「弾左衛門」という頭がおり、浅草の皮産業を支配した。明治維新とともに西洋の皮革技術が導入され、引き続き浅草は皮産業の中心地のひとつとなった。

なめし工場も浅草にあったが、やがて政府の移転命令により墨田区木下川や荒川区三河島地区に移転していった。それから浅草には靴やバッグの製造工場が次々に興る。第二次世界大戦後には、靴をはじめとして皮革産業は隆盛を誇った。日本全体が右肩上がりの時代、水商売も栄えた。

しかし、一九七〇年代からはアジア諸国との競争にもさらされて、もうかつての栄華はない。皮革産業の他にも、浅草は実にさまざまな製造業や商業が発達していた。寺や神社があるために神仏具、花街に隣接しているゆえの呉服や衣類、菓子や食品、食器、家具などの製造業者や販売業者が浅草には軒を連ねた。今でも合羽橋の道具街をはじめ、問屋街は健在である。

「さくら」には、工場主から商店主、職人まで、さまざまな人々がやってきた。地方から出てきた職人見習いは住み込みで働いて、つらい時に店によくやってきた。泣きながら店に来て、「辞めます」と言った時、小畑は「そんなことを言っちゃいけない。男の子なんだから、もう一回やってごらん。私たちだって今急に有名になったわけじゃないのよ。がんばりなさい」と励ました。「もう一度考えます」と出ていった若者がその後奮起し、経営者になったこともある。

派手に稼ぎ、派手に使い

増える一方の客に最盛期には女の子を五人雇い、さらにバーテンが一人いた。選手がカウンターに入ることもあった。雇うのは堅気の娘ばかり。親が「小畑さんのところに預けたい」と連れてくることもあった。一人では客と外に出さないと決めていたから、客が「お店が終わったら、この子を連れて食事に行きたい」と言ったら、「全員連れていって」と、ぞろぞろ引き連れていかせた。

プロレスと同じく、あくまでも清潔、クリーンな店にこだわった。客が女の子の体にでも触れようものなら大変だ。小畑と佐倉、二人がかりで半殺しの目にあわせた。

暴力やけんかも厳禁だった。昭和四〇年代、店の界隈ではよくけんか騒ぎが起きたが、「さくら」では一件もなかった。それはそうだろう。プロがいるのだから。だから、あくまでも明るくて、楽しいお店を貫けた。

ぜいたく好きな二人は、スタッフの慰安旅行も豪華だった。女の子たちを引き連れて、夏は熱海や熱川の海、冬は水上にスキーに行った。スキー学校に入った時のこと。スキーの初心者は派手に転ぶものだが、女の子の中にはプロレスの選手もいて、日頃受け身の練習をしているものだから転び方がうまい。「何をしている人だろう?」と、よく不思議がられたという。

派手に稼ぎ、派手に使った。小畑は競輪が大好きだった。店のバーテンに「ママ、競輪は面白いですよ」と勧められて通い始めた。お気に入りは、後楽園の競輪場だった。テレビの女子プロレス中継の時に、アナウンサーが「後楽園の競輪場に行ったら小畑に会える」と放送して問題になったこともあった。

競輪といえば、小畑がまだ群馬に疎開していた小学生の頃、競輪選手を目指したことがあった。父がばくち好きの競輪通いだったから、小畑に勧めたのだ。父と二人で赤城山まで遠乗りをし、前橋の競輪場で練習もした。ヘルメットを被って競走してみた。競輪場は激しい傾斜のすり鉢状になっている。すると、ハンドルさばきを誤って、転んで右半身を擦った。地面の角度が急だから、止まらない。右半身、肩、腕から足までひどくすりむき、それで懲りてやめた。

知人の競輪の予想屋に紹介されて秋葉原の電気店の社長と知り合い、毎回ＶＩＰ席に招待されたという。お昼は特上のうな重やカツサンド、オムライスなどの洋食も出て、チケットも、売り場まで行かずに、封筒に番号を記せば買ってきてもらえた。

その予想屋といえば、何をしでかしたのか浅草警察から出てきた護送車に乗っていて、その車内から通りにいる小畑を見つけ、大声で呼んだことがあった。

「ちい坊ー、ちい坊ー！」

小畑は無視を決め込んだ。隣にいた佐倉も「だめ、あっちを向かないで！」と、止めた。

「ご近所にバツが悪いじゃない」

芸者衆のたまり場に

店の隣は花柳流の踊りのお師匠さんの稽古場だった。花柳登といい、二人は「登先生」と呼んだ。登先生は、八歳で浅草の置屋に養女としてもらわれてきたという。すぐに踊りの稽古に出されて、小鈴という名で半玉からお座敷に出ていたところを旦那にひかされて、郊外の千葉の市川あたりに黒塀の家を建ててもらって……、という身の上だったらしい。

登先生は「登会」を主宰し、二〇人ほどの弟子の中には芸者も多く、彼女たちが稽古場に出入りする時に、小畑と佐倉が挨拶の声をかけていたことから顔見知りとなり、「さくら」にも芸者衆が来るようになった。お座敷とお座敷の間に来ておしゃべりをして時間をつぶしていったり、客を連れてきたり。小畑の店が芸者衆の「待合室」になっていたのだった。待っている間に、芸者衆がカウンターの中に入って、お客さんにお酌をしたこともあった。

そうこうするうちに、見番《けんばん》から電話がかかってくる。

「お座敷がかかりましたよ」

「おりえちゃん、杉下さんのお座敷よ」

「はーい、行ってまいりまーす」

そういっていそいそと店を出ていき、数時間すると「ただいま」と店に戻ってくるのだった。

小畑は吾妻橋の近くで生まれ、戦後は向島で育ったから芸者を見ることはよくあった。人気がある芸者には二通りあるという。一つは、女の目から見ても美人のタイプ。文句のつけようなし。もう一人は、「べた女」。甘え方がうまくて、相手のことを持ち上げ、ほめて、女でもいい気持にさせてしまう。男はとろけていちころだ。

かつて浅草の花柳界は隆盛を誇った。江戸時代には北に幕府公認の遊郭である吉原を抱え、浅草寺門前広小路、山谷堀、猿若町が芸妓の三名所で、一大歓楽街をつくっていた。一八九六(明治二九)年に浅草公園見番がつくられ、芸妓の管理や花街の運営にあたるようになる。かつてはとびきりの料亭がたくさんあった。都鳥、浅草、婦志多、草津亭、一直、春の家……。今は八軒だ。マンションになってしまったところも多い。浅草の芸者の数は、昭和三〇年代あたりがピークだといわれ、四五〇人ほどいた。それから急激に減少し、今は二〇人足らずだ。

小畑が「けいちゃん」と呼ぶ、浅草の花柳界の生き証人、見番の事務長を務める千葉慶二に会った。一九四〇(昭和一五)年浅草生まれ。五歳で宮城県の父親の実家に疎開しており、幼い頃の浅草の記憶は「防空壕の、焦げ臭いにおい」だけだ。戦後も宮城で育ち、高校を卒業して働きながら進学しようと、浅草の牛乳店に住み込んだ。国際通りの角に「渋谷」という牛乳店があり、当時は朝だけでなく昼も配達があって、住み込みの学生たちはみな夜学に通っていった。だが、結局千葉は大学に「行きそこない」、店には三年ほど世話になった。牛乳の宅配はとにかく忙しく、朝配ったあとは、馬券売り場や人が集まっているところへ行って売る。牛乳に加え、フルーツ牛乳、コーヒー牛乳。まだコーラも普及していない時代だったから、牛乳は国民的飲料だった。

歩合制で、売れば売るほど収入になる。一日中、そうやって働きつくすと、夜はくたびれて、勉強どころではなくなってしまった。それで結局、大学には行かなかった。どうしようと思っていたところ、回り先の一つだった見番の責任者が同郷の宮城出身の人だった。

「ちゃんと正業につかなきゃいけないなという思いもあったところで、「ここで何かやってみないか」と言われ、軽い気持で五〇年たっちゃった」

といっても、配達の仕事をしていた時は花柳界のことはまるで知らなかった。ひょんなことから見番入りした千葉だったが、当時は料亭、待合いは七五軒、芸者衆が二五〇人ほどで、浅草がまだまだ隆盛を誇っていた時だった。見番の仕事は、芸者衆と料亭との連絡役だが、当初は仕事などさせてもらえない。三カ月くらいは先輩の動きをずっと見て、ひたすら覚える。連絡とは、電話ではなく出たり入ったり、出たり入ったり。なるべく置屋とは相対で話をしなさいと教えられた。言葉を伝えるのには、電話ではなくて直接に行って会って話す。それが基本だった。

法律で店は一一時で閉めると決まってはいたが、それ以降までいる客もいるから見番も空けられず、交代で必ず誰かいた。当直二人が泊まり、朝は一〇時に次の人が出勤してきたら帰る。しかし千葉は一〇時に帰ったことはない。仕事が次々にあって、とても終わらなかったからだ。それをこなし夕方に芸者の着付けをして、初めて帰宅できる。結局、二日に一度は泊まった。

今の感覚からすると、何ともまだるっこしく、非合理的、非能率的のようにも思える。しかしそれが、長年かけて培われてきた、「合理的」な手順だった。浅草の花街のルールだったのだ。

「箱屋さん」の見た浅草

その頃、千葉のような存在を「箱屋さん」と呼んだ。三味線を入れる長箱を芸者の代わりに持って移動する仕事だったからだ。当時はお座敷を何軒もかけもちする芸者がいて、箱屋は次のお座敷に移動するたびに付き添った。一九六〇年から、東京オリンピックが終わった一九七〇年ぐらいまでが忙しさのピークだったという。

新入りは、新箱といわれる。芸者衆とは見番の上にある稽古場に踊りの稽古にやってくる時に会ったりして、だんだんと顔見知りになる。ごひいきになるには、「一〇年ぐらいはかかったかもしれないですね」。

箱屋にも名前がついた。本名は使わない。千葉は本名が「慶二」だが、字を変えて、「桂三」とした。みんなに必ず「三《ぞう》」か「吉《きち》」の字をつけるきまりだった。

千葉が箱屋になったのは二一の時だったが、前代未聞の、後にも先にもない若さだった。他はみな、何かの仕事をしてからこの世界にやってきた。職人、勤め人、教師。広島で小学校の先生をしていて、浅草へ出てきた人がいた。花柳界のことを綴りたいといっていたが、定年までいた。

「僕より前に事務長をしていた人は群馬の伊勢崎だかで中学校の教師をしていた。いろいろな人生があるんですよ、みんな三〇代後半から四〇歳ぐらいでね。道楽して、仕事を辞めてきたのもいるでしょうしね。ただ、見番に入るのは意外と厳しいんですよ。誰かの紹介がないと」

かつては保証金を積む必要もあった。

「なんで保証金を積むかというと、女の世界だからまず信用が大事。後に組合組織で給料制になったけど、給料はほとんどないに等しいの。チップとかご祝儀だけで働けたんですよ。置屋さんに上がることもあるし、当時は働いたお花代は直接芸子に入るんですね。お花代を銀行へ行って下ろしてくることもあったから、信用第一。はんこを預かっている人もいた」

とにかく、いろいろなお使いをした。銀行の手続き、買い物、着付け、荷物の届け。芸者衆の自宅の鍵ももちろん持っていた。家の電球を替えたりもした。女の世界だから消防団のような役目もあった。消防団の刺し子半纏があって、ヘルメットもあった。

もちろん、用事だけではない。いろいろと聞き役になることも多かった。

チップも昔はお座敷のたびに渡された。ぽち袋に入れたり、煙草に添えてくれたり。

「その都度あったんです。ご祝儀はたくさんいただきましたね。だから働けたけど、今はそういう気のきいたのが全然ないね。それが時代の変化だな」

箱屋は現役の芸者衆に限らず、卒業した踊りや地方《じかた》、三味線の先生にも呼ばれた。その一人が、小畑の店の隣に住んでいた「登先生」で、そこから小畑と千葉の縁ができたのだった。

着付けは、覚えてと頼まれて学んだ。箱屋になって二、三年の頃、置屋のお母さんに手をひっぱたかれながら厳しく仕込まれた。着付けは当然芸者衆が裸同然のところから始まる。今の若い女性は下着をつけてくるが、昔のお姐さん方は肌襦袢の下は何もつけなかった。二〇代前半の男子には刺激が強くないだろうか？

「そんな余裕はないですよ、親兄弟みたいな関係だから。いいように使われたね。最初は心配されたけどね、若すぎるって」

芸者衆との恋愛はご法度だった。

「惚れられてもいいけど、惚れちゃだめだと、最初にくぎを刺されるの」

では、惚れられたらどうするのか？

「どうしようもない(笑)。何年も関わりを持っていれば、ひいきというか気に入った子が当然出てくる、それだけのこと。家族みたいなもので、男女のこう、というのはない。そうでないと、もたないですね」

今は、箱屋はいなくなった。組合の職員だ。

「そういう仕事が全然なくはないんですよ。三味線の移動はしていますし、着付けも覚えてもらって、少しはやっていますけど、昔ながらの箱屋というのはないですね」

組合の従業員として箱屋的な役割をしている。そういう人が千葉を含め、四人いる。

「箱屋さんというのは親しみがあって、呼びいいでしょ。古い芸者衆はそう呼びますよ。今は名前で呼ぶかな。上品になっちゃったね」

名前というのも本名だ。「三」も「吉」も使わなくなった。平成に入ってから、ご時世のために従業員のリストラをせざるを得なくなった。それが千葉が事務長になっての最初の仕事で、一〇人ほどいた箱屋の半分に辞めてもらった。

「僕が事務長になって、いきなりそれ。売り上げが下がってきている時期で。割が悪いんです」

業務システムを変えた。なるべく個人の用事は自分でしてください、箱屋に頼まないでください、としたのだ。効率的で合理的ではあるが、無機的でものさびしい。

小畑と佐倉の店は、そういう「いい時代」の「たまり場みたいないこいの場」だった。

登先生は自分で一切料理をしなかった。小畑が肉じゃがやひじきの煮物を作ったり、佐倉が海苔弁当を作ったりして「先生、食べる？」と、持っていった。千葉が登先生の家に行くと、「おかずを食べてる時があって。「ああ、隣から来たんだね」って言うと「そうなのよ」と言ってた」。「それで、私はけいちゃんという存在を知ったの。その時はこの人、登先生のところの電気から全部やってあげていたからね」。アパートとして貸していた二階の電気メーターの検針を千葉がやっていたのだ。

千葉は所帯を持ち、子どももいる。結婚したのは二五歳の時だ。

「早く所帯を持たないと間違いを起こすから。でも、うちの家内は未亡人だと思われているみたいで。「千葉さんの旦那さん、見たことがない」って。それほど、家にいなかったんです」

千葉にとって、浅草という街はどんなところだろう。

「生活の場でもあるんだけど、育ててくれた人づき合いの場。狭い花柳界の場所ではあったけど、人間関係は勉強させてもらったということで感謝していますかね」

花柳界とは華やかなところであると同時に、あたたかいところでもあると千葉はいう。

ズベ公のけんかの立会人

芸者衆に限らず、浅草には多くの女性たちがいた。ホステス、バーのマダム、踊り子……。店にも来たし、小畑は浅草の有名人だったから、慕ってくる女たちも多かった。

女の不良、ズベ公同士のけんかの立会人になったこともある。

十七、八歳くらいの少女たちが集まってグループをつくり、それぞれに縄張りがあった。飯の種は、主にカツアゲ。脅して金を巻き上げる。浅草には田舎から出てきたような人たちがいっぱいいたから、カモには事欠かなかったのだ。
「肩がぶつかったのに謝らなかったとか、ガンを飛ばしたとか、そんなことでもめたのよ」

まだお店を開く前だから昭和三〇年代後半だろうが、小畑が行きつけにしていた浅草の喫茶店「しいの実」に対立したグループの片方が駆け込んできたのだ。

「すみません先輩！」

「先輩じゃないよ、私は不良じゃないんだから」

「けんかを売られたんです。「新世界」の裏に何時に来いって言われたから、手は出さなくていいからそばにいてください。後ろにいるだけでいいから」

「しょうがないね」

新世界というのは一九五九年に浅草六区にできた複合娯楽施設で、ショッピングセンターや大食堂、ロカビリー喫茶、キャバレーも入っていた。その裏に夜遅くに来い、というのだ。

面倒見のいい小畑が行かないわけがない。でも、けんかになるのは好ましくないと思っていたので、「自分から手を出すんじゃないよ。相手から出されたら、行けばいい」と申し渡した。

時間通りに薄暗い新世界の裏に行ってみると、双方が距離を置いて、それぞれ固まっている。一触即発のピリピリした雰囲気だ。どちらも派手な身なりで、腕に、どくろの目から蛇が出ている刺青を入れた少女もいた。小畑は「まず話し合って、何が悪かったのかをお互い言ってみろ」と促した。「あいつがガンをつけて恥をかかせた」「肩が触れた」「生意気な態度をとった」……頃合いを見て、小畑が間に入る。

「ちょっと待ちな。どっちが悪いか、私が真ん中に入ってやるから。誰がガンつけたとかつけないとか、ガキの使いじゃないんだよ」

小畑の一言は迫力満点。何せ年季が違う。ズベ公たちはみな「気をつけ」をして直立不動だ。

「両方ともけんかを売るなよ。今日で水に流しなさい。それで不服だったら前に出な」

当然、誰も出る者はいない。それでおしまい。小畑は基本的にもめごとが嫌いで、けんかはおさめることはあっても、あおるようなことは一切しなかった。

やくざが生きられる時代

小畑は浅草で一種独特の存在だった。顔と素性は知られているし、やくざの親分衆にもかわいがられていた。だから、若い衆も愚連隊も、チンピラも悪さを絶対にしなかった。

当時の浅草には、やくざが大勢いた。小畑は興行を通じてやくざと直接わたりあっていたし、やくざも今とは気質が違っていたという。

山春、錦政会（今の稲川会）、姉ヶ崎一家、東声会、住吉会……

「その頃浅草は、表に出たら一般人よりやくざが多い時代だったの。やくざが生きられる時代

「さくら」を訪れた外人レスラーのパーラ・ニエト(左)とジーン・オブライエン(右)と

だったし、堅気だって、やくざがいなかったら生きていけなかった人がいっぱいいた。今のやくざはちょっとでも景気のいい人がいたら食ついてどうにかしようとする。昔は違う。女の子たちががんばっていたら、かわいがってくれた。この子たちを守ってあげようという感じだった」

やくざの親分は小畑を見かけると「よう、ちい坊」と声をかけ、洋服を買ってくれたり、食事をおごってくれた。選んでくれた洋服が「ちょっとセンスが違う」と思っても、にっこり笑ってお礼を言って、店は顔なじみだから、後で好きなものに取り替えにいったりもした。喫茶店も食堂も一回も自分でお金を払ったことがなかった。小畑は二〇代、やくざの親分は五〇代、六〇代。小畑は親分衆と腕を組み、浅草を歩いた。

「でもこびたり、色気を出したりしない。だからホテルに行こうとか、ホの字も言われたことがないよ」と小畑は笑う。

「東京ユニバーサル女子プロレスリング」を創り、沖縄に同行した藤田卯一郎も小畑をかわいがってくれた一人だった。松葉会会長、大物やくざの一人である。藤田は銀座の並木通りに事務所を構えていた。

「暇だったら遊びに来い、ってご飯を食べさせてくれて、ちい坊、お小遣いはあるのか、ってお金をくれて。私たちが若い時はお財布に一銭もなくても、遊びに行った帰りにはお小遣いが入っているの（笑）」

やくざの幹部に旅行に連れていってもらったこともある。神奈川・三浦半島最南端の城ケ島に一カ月。シュノーケリングをしたり磯釣りをしたり。タコ捕りをしたこともあった。朝は早起きして、朝漁をしたところで網にぴちぴちと跳ねているぴかぴか光る魚をその場で選んで買い、刺身や焼いたりしてもらって食べる。昼間は泳いで、昼寝。旅館には温泉がついていてつかり放題だ。

温泉には自分たちでもよく行って、打ち身や打撲を癒した。二人の選手生命が長かったのは、こんなふうによく養生していたからかもしれない。熱川の大東館やセタスロイヤル、伊東の山岸園、熱海富士屋ホテル、いくつものひいきの旅館やホテルがあった。時には親も連れていき、ゆっくりとあたたかい湯につかり、山海のおいしいものを食べて英気を養った。

生き方としての任侠

二人は、親分衆以外はやくざとは付き合わなかった。「さくら」を開いた時にも、見かじめ料（用心棒代）をせしめにやくざがやってきたが、一切払わなかった。

「さくら」のドアがぱっと開く。いかにも人相の悪い、小狡《こずる》そうなチンピラがきょろきょろと値踏みをするように店をなめるように見て言う。

「すみません、××だけど、親方に言われてきたんだ。これを置いてください」

差し出すのは芳香剤やら造花やら。小畑はまったく動じず、こう言った。

「あんた、ここ、どこだか知ってる？　名前を見て入ってきたの？　もう一回、事務所に帰って聞いてみな。さくらへ行って、こう言われました、って」

たいていのやくざはその後また戻ってきて謝った。小畑は見るからにガタイもよく、ヘアスタイルはパンチパーマが定番だった。男女を超えた存在、といってもいいかもしれない。

よく知っていた親分のもとにいた若い衆が刑務所に入ったことがある。派手に立ち回り、味方で生き残った二人のうちの一人で、一五年勤めて帰って来た。出所してすぐ店に顔を出した。

小畑もあたたかく、何事もなかったように迎えた。

「ご飯、何食べる？　天丼？　カツ丼？」

特上をとったものの、量が食べられない。それまでのムショ生活で、多くを食べていなかったからだ。出所祝いに五万か一〇万かを渡して、帰した。ほどなくしてその男はがんで亡くなった。

東映の任俠映画の世界を、小畑は地でいっていたのである。そこでのスターは言うまでもなく、高倉健。もちろん小畑も大好きで、映画館に日参した。同じ映画を何度も何度も見た。

悪徳やくざに対して、主人公は理不尽な目にあっても義理と人情を重んじ、耐えて耐えて耐え抜く。そして、ついにぎりぎりになって立ち上がり、憤りを爆発させる。観客はみな主人公に共感、いや自分を同化させて見て、終わると肩をいからせて映画館を出て行く人が多かったと言われているが、小畑もまたその一人だった。

『昭和残侠伝』で、健さんが最後、殴り込みに行くシーンがあるじゃない？　あそこで、超満員の観客なんだけど、見ている人たちが手をたたいて「行け！」とか「健さんがんばれ！」とか「待ってました！」って乗り出していうの。私も叫びはしなかったけど、心の中では一緒に切り込んでた。映画館の女便所はがらがらで、男のほうは長蛇の列だったね」

佐倉は言う。

「この人がやくざになったら、最初に鉄砲玉、切り込み隊長になって死ぬわね」

往事は全共闘はじめ新左翼による学生運動が盛んで、機動隊と激しくやりあった後、学生が大挙して映画館に押し寄せたという。三島由紀夫ら民族派の活動家も仁侠映画を愛していた。だが、小畑は時代やイデオロギーとは関係なく、自分の生き方として仁侠がぴたりとはまったのだった。

高倉健はきちんと体を鍛えて立ち回りも腰が据わっていた。現場に入る前から刀を差して日常生活を送るなど、準備と鍛錬を重ねていたのだ。それは、プロのアスリートである小畑には見て取るようにわかる。そこも、高倉健が好きな理由の一つだった。

評論家の川本三郎氏が、高倉健のやくざ映画人気を支えた人たちについて、興味深い分析をしている。

やくざ映画をもうひとつのプロレタリア文学ととらえると見えてくることだが、高倉健の汚れっちまった悲しみをもっとも身近に受けとめたのは、当時の未組織労働者ではなかったか。

（『映画の戦後』七つ森書館、二〇一五年）

高度経済成長に伴い、東京では高速道路や新幹線をはじめ大規模なインフラ整備のために工事があちこちで行われ、そこに労働者たちが日本各地から集まった。農村から出てきた出稼ぎ労働者たち、こういう男たちは浅草にもたくさんいただろう。彼女たちのプロレスにも大勢押し寄せていたかもしれない。

街の用心棒

行きつけの喫茶店「しいの実」でも、チンピラが店にやってきて、横柄な態度をとっていると、小畑が呼ばれた。ほとんど用心棒のようなものだ。小畑が行って「何してんのよ、あんた」と一言、するとたいてい勘定をしてすぐに帰っていった。

当時流行っていた薬に「ハイミナール」という睡眠薬があった。市販されている睡眠薬だったが、過剰に服用するとハイになってラリった状態になる。全盛期は昭和三〇年代前半で、後に製造中止になった。小畑や佐倉が街を歩いていると、道の真ん中で同じところをぐるぐると回っている人がいた。「ハイ中」だ。

「しいの実」でも、ハイ中男が「階段落ち」をしたことがあった。「しいの実」には一階席と二階席があり、入口を入ってすぐ正面に長い階段があったのだが、その階段のてっぺんから、ハイ中でふらつき、転げ落ちたのだ。勢い余って入口のガラス戸にもぶつかって、それでもまったく痛さを感じないのか、「悪かったな」と立ち上がって出ていった。その男はやくざの親分だったが、それからそうたたないうちに中毒で亡くなったと聞いた。

街中で、因縁をつけられている人を助けたことも何度もある。肩が触れたのなんだのと言って、一人を三人で囲んで殴り始めた。通りがかりにそれを見た小畑は、「何だよ粋がって根性もないくせに、一人を三人でやるなんて、倒れたら絶対にお金を取るな」と思い、後ろからいきなり三人の急所を勢いよく蹴り上げ、即、逃げた。チンピラも不意打ちでひとたまりもない。

「しいの実」に戻ると、ただならぬ様子の小畑を見て佐倉が、「どうしたの?」。

しばらくたって、小畑は店にいるチンピラを手招きする。

「あそこで誰か倒れているから、見てきて。救急車が来たかどうか、見てみな」

しばらくたって戻ってきたチンピラはこう報告した。

「どこそこの若い衆が三人、急所を誰かに蹴られたらしい、って大騒ぎになってました」

小畑は大笑いだ。

「女の館」の夢

小畑がかわいがっていた女性がいた。仮に「はるみ」としておこう。馬がインフルエンザにかかって競馬が中止になった頃だというから、一九七一年あたりだろうか。当時でいうズベ公、素行の悪い少女、不良は浅草にごまんといたが、はるみもその一人だった。色が白く、肌もきめ細かくて、目が濡れたようにつややか、女でもうっとり見とれてしまうように、美しい少女だったという。母親と小畑が知り合いで、そんな娘を心配して「小畑さん、娘をよろしくお願いします。締めてやってください」と言ってきた。

小畑に娘を気にかけてほしい、と言ってくる浅草の母親は多かった。独立独歩で折り目正しく生きている姐御肌を見込まれてのことだったろう。はるみは、「ちいちゃん、ちいちゃん」となつき、いつも「猫みたいに」小畑の後ろをついて歩いた。定職にはついていなかったが、それでも食べていけた。美人で男好きがして愛嬌もあって、一銭もなくてもみんながかわいがってくれるのだ。日銭がほしければ、友達がやっているスナックや居酒屋に行って手伝えば日給がもらえるし、客からはチップがもらえた。

だが、はるみもハイミナールに手を出していた。小畑が何度注意してもやめられない。ある日、はるみは「愚連隊から抜けてまじめになります」と言ってきた。それから音信がなくなった。

一年か一年半くらいたった頃、はるみが亡くなったという連絡があった。吉原のソープランドで、浴槽に顔をつっこんだまま、裸で冷たくなっていたという。

ショックを受けた小畑は、母親に怒鳴り込みにいった。

「大丈夫、って言ってたのに。どうして！」

「私もちゃんと勤めていると思ってました」

小畑はやり場のない悲しみ、怒りで、ただただ涙を流すしかなかった。

浅草にはいろいろな女性がいた。男に貢いで、ろくなものも買わず、食べずにどんどん身なりも顔色も悪くなっていく女。キャバレー、クラブならまだいい。そのうち、男の借金を返すために、半ば売られるようにしてソープランドに勤めだす女性もいた。

「そんな男とくっついていたら、奈落の底に落ちていくだけなのはわかるじゃない。意見したよ。そういう男には他にも必ず女がいる。そんなのいっぱい見てきているんだよ、幸せになれないでしょう、あんた、って。でもたいがいわからない。逆にこの男を私が養っているんだって生きがいを感じている女の子もいた。自分がこの男を男にさせている、という誇りなんだ」

キャッチバーに勤めている女性もいた。街中に立ち、男性に声をかけ、バーに連れていく。ビールを一本持ってきていくら、手に触れたからといっていくら、肩に手をかけたからといっていくら……、そして、会計をするとビール一本で二万円になる。いわゆる「ぼったくりバー」だ。

街中で客をひいて、売春をしている女性たちに声をかけたこともよくあった。

「いつまでもやっているんじゃないよ。いい加減に足を洗って、まじめになりな。いつまでもそんな商売ができるわけじゃなし、今考えないと、先に行って大変な思いをするから。今は春を売っていてもいいけど、あとで〝乞食〟になるよ。梅毒になるよ、淋病になるよ」

小畑はそう言ってお金を握らせた。そしてこう言った。

「二度とここに来るんじゃないよ」

浅草には女を使ったいろんな商売があった。ある写真館は、一見、普通の写真館だが、秘密の特別サービスがあった。いかがわしい写真を見せられて、その中から一人を選ぶと、二階へ。するとその女性が待っている。胸を見せるのはいくら、下半身を見せるのはいくら、そして最後まで出すといくら。いわゆる「花電車」などの風俗芸を見せる女性たちもいた。想像もつかないようなさまざまな遊びがあった。カオスであり、ごった煮であり、猥雑であり、にぎにぎしい。それが浅草の魅力でもあった。

そんなたくさんの女たちを見てきた小畑には、一つの夢があった。

「女の館」をつくることだ。マンションを建て、不器用で生きるのが下手な女たちを住まわせる。店をやってそこでその女たちを働かせる。自分はプロレスで稼いで、女たちの駆け込み寺としても使えるようにする。

「よし、女の館をつくろう。不幸な女をまとめて住まわせるマンションを建てよう。プロレスでお金を稼いだら、女が駆け込めるところをつくりたい、って思ってた。そこの部屋に住まわせて、どこかで店でもやって働かせて。そうすれば生活ができる。私はペントハウスに住んで、子どもがいたら、子どもも一緒に住まわせて」

結局実現することはなかったが、今も小畑の胸にはさまざまな女の姿が去来する。

第8章

引退はしていない

——野心的で自由な女の人生

スポンサーの参天製薬から贈られたガウンを着て

再びテレビに登場

「ちいちゃん、テリー、ごめん。いつか必ず、もう一度」

わずか一年三カ月で女子プロレスのテレビ放映が終わった時、小畑と佐倉の肩を抱いてそう男泣きした白石剛達は約束を守った。

東京12チャンネルで女子プロレス中継が終了した一九七〇（昭和四五）年から四年後の七四年、再び女子プロレスはテレビ画面に登場したのである。テレビは白黒からカラー放送になっていた。

この間、小畑と佐倉は映画にもほんのちょっと出演している。一九七四年公開の堺正章主演の『街の灯』（松竹）。東京から九州までのロードムービーなのだが、道中で堺が女子プロレスのレフェリーをする。そこで試合をするのが二人なのだ。

今度のテレビ中継は、女子プロレス単体ではなかった。国際プロレスという男性のプロレス団体のなかの「女子部」という位置づけだった。国際プロレスの社長、吉原功が白石と早稲田大学レスリング部の同期という縁で、12チャンネルで一九七四年から国際プロレスを放映することになったのである。その際、白石が女子部の創設の話をつけたのだった。

その少し前、小畑は白石の夢を見た。持病の子宮筋腫が悪化して大出血し、病院へ担ぎ込まれた。開腹手術をして、麻酔が切れる時に白石が出てきたのだ。

白石に「ちいちゃん、時間に遅れるぞ」と言われて、リングのロープの最上段から観客に向かって、わあっと飛び降りようとしたところで目が覚めた。

この時、小畑は三途の川を渡りかけている。大量に出血して貧血で倒れ、意識のない中で見えた景色は、「川が流れていて、向こう岸には美しいオレンジの花がぱあっと一面に咲いていた。わあ、きれいだなと渡ろうとしたら、「ちいちゃーん、ちいちゃーん」と呼ぶ声が聞こえた」。ああ、と我に返って起き上がった。呼んでいたのは、付き添っていた佐倉だった。

話を元に戻す。

国際プロレス中継の担当プロデューサーは、田中元和。かつて、女子プロレス全盛時代の放映期間である一九六九〜七〇年にアシスタントディレクターとして、この番組に関わっていた。

田中は一九四四年秋田県生まれ。初めて女子プロレスが放映された翌年の一九六九年に東京12チャンネルに入社した。小中学校時代は、力道山が繰り出す空手チョップのプロレス中継に熱中し、その影響も受けて高校二年から空手を始めた。大学は上京して日本大学芸術学部に入り、ここでも空手に熱中した。

日本テレビに就職が内定していたが、当時は学生運動の最盛期で、中でも日大は全共闘の一大拠点だった。しかし、田中はアンチ学生運動派でしかも武闘派だった。学業もきちんと修めていた田中は、大学構内を学生運動派に占拠されることで卒業ができなくなるのはおかしいとして、

コーラ・コンブスと対戦する小畑

一九六八年一一月に他大学の体育会系学生も率いて全共闘と激突した。ゲバ棒を手に暴れたが、全共闘側は途中から援軍が次々にやってきて、体育会系学生の四倍以上の大人数になった。全身に殴る蹴るの猛反撃を受けて打撲・骨折し、頑健だったのに四カ月入院するという大けがを負う羽目になった。

「体半分が真っ黒になりました」

しかも、殴り込みをしたということで逮捕され裁判になってしまった。この騒動と逮捕で就職の内定は取り消しになってしまう。しかし、実刑には至らず執行猶予になったおかげで、何とか東京12チャンネルに入社することができた。就職後は、体育会系ということで運動部に配属されて白石一家の一員となり、すぐにその水になじんだ。そこで最初に関わった番組が女子プロレスだったのである。空手を修練していた田中の目から見ても、二人のプロレスはアスリートの水準に十二分に達していた。

「女子でもなかなかやるものだなと思いましたよ」

田中は定年を前に12チャンネルを早期退職し、起業して手広く事業を行い、成功している。七〇を超えた今も空手の使い手で、その容姿は迫力のある肩幅で体格もよく、ただ者ならざる雰囲気を漂わせている。

男子選手の女子への偏見

国際プロレスは、一九六七年に旗揚げ、ＴＢＳが中継したこともあったが、打ち切りとなった。その後、東京12チャンネルで中継されることになる。ジャイアント馬場の全日本プロレス(日本テレビが中継)、アントニオ猪木の新日本プロレス(テレビ朝日が中継)に比べて国際プロレスは、彼らのようなカリスマもおらず、派手さに欠けていた。ラッシャー木村やグレート草津、マイティ井上、アニマル浜口などを擁してはいたが、選手のイメージが地味だったことは否めない。

一九七四年に、小畑と佐倉は国際プロレスの地方巡業に同行した。千草京子も一緒だった。国際は、小畑らの対戦相手にファビュラス・ムーラ、サンデー・パーカー、ヴィッキー・ウィリアムスなどの「外人」を招聘し対戦させた。このように国際は、男子のほかに女子の招聘をしたことで余分に費用がかかっていた。

当時、東京12チャンネルから国際に支払っていた一週分の放映権料は二〇〇万円。国際は経営としては、当然に経費が少なくなるほうがいい。社長の吉原は女子部の導入に消極的であったが、白石が「女子を入れたほうがテレビでは数字を取れる」としたことで、男女混成という形になった。小畑らは主にセミファイナルで登場し、時にはファイナルでトリを務めることもあった。

国際プロレスの経営は決して楽ではなく、男子選手のなかにも「女がプロレスをするなんて」「女と一緒にやるなんて」と、女子への偏見があった。一度、佐倉がグレート草津の技を使ったことがある。うまく決まってとても客から受けた。すると食事の時に草津が「人の技を使ってなんだ」と言ってきた。佐倉は「人の技ということはないでしょう」と言い返して口論になった。

「悔しかったら、受けなさい。そういうことを言うんだったら、私たちの倍、お客さんに受けなさい。プロなんだから。そうしたら、あなた方の言うことを聞きますけど」

「なんだ、あの女、生意気な」

佐倉と小畑には、「女子のほうが観客に受けていた」という強烈な自負があった。

小畑は自腹を切ってでも電車はグリーン、たとえ男子選手が泊まるのが駅前旅館であっても、自分はもっと高価なホテルをとった。自分たちは一流の選手なのだから、一流の扱いを受けるのが当然だという誇りがあったからだ。

レフェリー出身、KYワカマツ

国際時代の彼女たちをよく知る人物に会うことができた。

若松市政。一九四一年函館生まれ、芦別育ち。彼もまたプロレスラーである。ただ、小畑たちが国際の女子部として活動していた頃は、若松はレフェリーだった。プロレスラーを目指していたのだが、その後渡米、米国流のエンタテインメントを身に付け、帰国後は遅咲きながら「ＫＹワカマツ」というキャラクターでブレイク、活躍した。その後、リングに上がりながら、故郷の芦別市で一九九九(平成一一)年から四期市会議員を務めたという異色の経歴である。

「ＫＹというのは、カナダにものすごく悪い将軍がいて、そのイニシャルのＫＹをつけたらいいんじゃないかと、プロモーターがつけてくれた。それからは、ずっと海外でそう呼ばれて、日本に帰ってからも使っています」

若松はもともと二〇代後半まで、室蘭で勤め人をやっていった。電気機械の技師として、新日本製鐵関連の企業に勤めていたのだ。

そこから一念発起して、プロレスラーを目指して上京する。人生の大転換だ。

「いつも机の上で電機のことや図面をやっていても、だんだん年はとるし、今自分ができるのは何だろうか。じゃあ、プロレスをと。当時テレビではプロレスが全盛だったんですね。自分なりに若い時に何ができるかを考えたことがきっかけでした」

一九六九年に妻子を故郷に残して、若松は上京する。

まずは体力をつけようと、生活費を稼ぐのと一石二鳥ということで、芝浦で沖中仕の仕事をした。日曜日には体力をつくるのに新橋のボディビルセンターへ行ってトレーニングをしていた。

「自分なりにチャンスをうかがっていたんです」

二年半ほど体を鍛えた後で、一九七一年一〇月、渋谷にあった国際プロレスの事務所に行く。事務所は、六本木通り沿いで由美かおるの属していた西野バレエ団が近くにあった。猪木の新日本、馬場の全日本ではなくて、国際プロレスを選んだのはなぜか。

「テレビで放映しているのを見ているうちに、社長だった吉原功さんの人間性みたいなものに感銘を受けたんですね。それで行きまして」

面接をした吉原は「何か格闘技をやっているのか」と尋ねた。

「何もしていないんです」

「そうか」。考えこむ吉原に、若松は「何でもしますから」と頼みこんだ。

「じゃあ、来てみるか」

年が明けた一九七二年一月に入団する。最初はトラックの運転をしたり、リングを設営したり。営業関係の仕事をしたり、と本当に何でもした。悪役で鳴らした若松だが、根は非常にまじめで一生懸命働いたので、団体からも重宝された。それで二年ほどたった時、東京12チャンネルで女子プロレスを放映することになり、若松にレフェリーを、という声がかかったのだった。

面白いプロレスの試合とは何か

若松はそれまで、女子プロレスを見たことはなかった。

「『女性がレスリングをするなんて』と思っていましたけどね。女性が格闘技をしているなんて、想像もしなかったですね」

小畑と佐倉に挨拶に行った。小畑が短髪でパンチパーマを当てていたのを鮮烈に覚えている。

「今度、リングでお世話になるから、よろしくね」と言われた。若松は「独特の髪型をしているな、このお姉さんがレスリングをするのかな」と思った。

実際に、闘う女性を目の当たりにしてどうだったか。

「格闘技をする女性の精神力といいますか、あの闘う姿勢というのは、他の女性から見たらあり得ないんじゃないかな。リングの上でのものすごいファイティングスピリット、その気迫はすごいですよ。普通の女性は普段敬語を使うけど、彼女たちはリング上で『こらあ！』とか、怖いんです(笑)。これはすごいなと。レフェリーをしていたら、そのうち殴られたり、蹴られたりするんじゃないかとね。これは気を入れてやらないといかんなと思いました。そういうスタートでしたね」

レフェリーをしていて、小畑や佐倉に怒られたこともあった。外人との対戦で、相手の反則をたまたま見逃した。すると、すごい勢いで「どこを見ているんだ、これは反則じゃないか」と、食ってかかられた。小畑や佐倉が反則をすることだってある。佐倉はよく相手の髪を引っ張って振り回したが、これは立派な反則だ。「それは反則じゃないか」と、若松が言うと、刃が若松に向かったこともある。殴る、蹴る。「バケツガール」として名をはせた佐倉に、バケツやビール

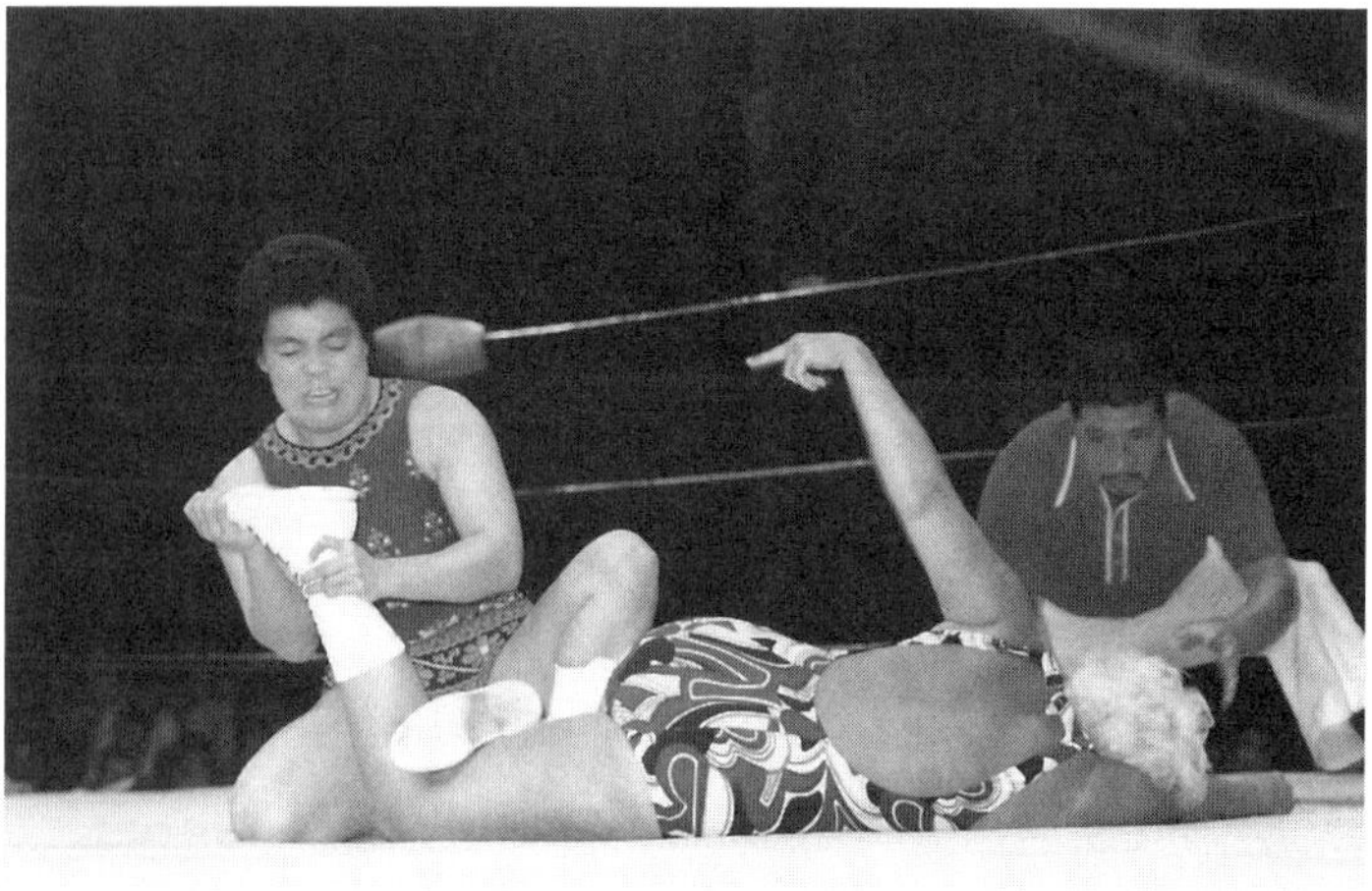

若松のレフェリーで試合をする小畑

瓶を振り回されたこともある。

「怖かったですよ。あの人は目をつり上げるんですね。気性が激しいじゃないですか。バケツで暴れていました。こちらも、これは大変だと思って逃げていましたよ。佐倉さんは、髪を長くして束ねて試合をしていましたから、外人に髪をつかまれたら大変だったのでね、振り回されて。その仕返しか、彼女も外人の髪をつかんで引っ張り回していました」

小畑の得意技がロメロスペシャルだったこともよく覚えている。

「小畑さんの場合は、あの人の持ち味の技があるんですね。つり天井(ロメロ)をよく使っていましたね。あの技はタイミングが難しいんですけど、いとも簡単にかけていましたね。すんなりあの技に入っていけるというのは、なかなかできないことなんです。でも、難しい技にもすんなり入っていくし、観客も納得していましたね。正統派のレスラーだったと思います」

観客は、女性が繰り出す技の数々に驚いていたという。若松には下品なヤジの類の記憶はない。

「下品なヤジを飛ばす前に、女性がこれだけの格闘技をするということに、観客は驚きがあったんじゃないでしょうか。選手がやることというのは、とにかく体を張って、観客に納得してもらって、テレビの視聴率がよくなって、また来てもらうということじゃないかと思うんです」

佐倉は一瞬の押さえ込みや柔軟性や機敏さを生かした回転エビ固めなどの技が得意だった。若松は、小畑たちのレフェリーを通じて面白いプロレスの試合とは何かということを考え、学んだ。

「一番大事なのは、もちろん闘う者同士。次は観客の反応ですね。そしてレフェリー。この四者の中で試合の流れを把握していかなきゃならない。自分だけで満足して、観客は面白くないというのであれば、プロとしては失格です。今の女子プロを見ていまして、まあ男子にもいえるんですが、今の人には悪いですけど、プロとして観客とレフェリーと自分たち闘う者、というあり方の把握がちょっと足りないかなと思いますね」

観客と選手とレフェリーの一体感

トップの選手を決めるチャンピオンマッチは若松にとって今でも忘れられない、いい試合だ。勝敗が普段よりもさらに重要な試合で客がリングに集中し、ヤジを飛ばすのではなくて声援を送る。試合会場全体が一体となるような雰囲気があった。若松はその空間に身をおく醍醐味を味わった。小畑が勝ち、若松がその手をとって上にあげる。すると観客からわーっと歓声があがる。

「こちらまでうれしくなりました。一体感を感じるといいますかね。これがプロレスの面白さだと思いましたね」

小畑は、試合が終わった後も、きちんと若松に「ご苦労さま」と声をかけた。

「まじめな人だったと思います。人に対する思いやりというものを持った人じゃなかったかなと思いますね」

若松自身は、七〇歳を過ぎても、市議のかたわらリングに上がり続けた。

「声をかけられているうちは、いいんじゃないかと。それというのは、表紙に価値があるんじゃないかなと。誰も、客が来ない人を呼ばないですからね。だから、呼んで客が来るのであれば、自分には表紙としての価値があるんだなというふうに納得しているんです」

芦別市は、夕張市などと同じく旧産炭地。若松が市議に初当選した一九九九年は人口が二万五〇〇〇人。四期目の終わり頃には一万五〇〇〇人にまで減った。半分以上が六五歳以上の高齢者という、日本全国を先取りしたかのような超高齢化の街だ。

一九七六年、国際の女子プロレス放映終了

佐倉は一九七六(昭和五一)年、三八歳の時に「引退」を決意してきっちりとプロレスに区切りをつけた。小畑は四〇歳だった。

佐倉が引退を決意したのは、そろそろ潮時だと自分で考えていたこともあったが、国際プロレスの中継で女子部を放映しないと決まったことが大きな要因であった。その頃、女子の外人選手を招聘する経費は、国際にとって大きな負担になっていたからだ。東京12チャンネル側の担当プロデューサーである田中は、白石の名代として、女子部の放送終了を伝えに佐倉と小畑が経営する店まで足を運んだ。

「たいへん申し訳ないが、これ以上女子部の放映を続けられなくなりました」

「私たちもそろそろ潮時だと思っていました」

これを機に佐倉は引退を決めた。実は小畑もその後リングで試合をしていない。が、引退したつもりは毛頭ない。今でも現役だ。機会があったら、リングに上がりたいと思っている。

「私は引退じゃないもの。永遠に引退はしないと思った。死ぬまで現役よ」

実際、世界柔道選手権大会三位で、「Mr.女子プロレス」「女子プロレス最強の男」といわれた神取忍に小畑は「いつでもいらっしゃい」とプロレス誌上で二回、申し出たことがある。本気だった。

「最終戦はなんとしても神取とやりたかったの。あいつが、自分は強いと言っているから。じゃあ、やってやろうと思った」

彼女たちが「引退」した一九七六年という年は、どんな年だったか。

旅客機購入をめぐる大汚職事件、ロッキード事件が米国で発覚し、東京地検による強制捜査が開始された。自民党の腐敗に憤った河野洋平らが新自由クラブを結成。七月には田中角栄前首相が逮捕されるという衝撃的な出来事があった。

アントニオ猪木対モハメド・アリの異種格闘技戦が行われたのもこの年だ。巨人の王貞治が七一五号本塁打を達成し、一世を風靡したアイドルデュオ、ピンク・レディーもデビューした。目を海外に転じると、南北ベトナムが統一し、米国ではアップルコンピュータが設立された。

すでに日本は高度経済成長期から安定成長期に入っていた。政界の腐敗も目につくようになった。というよりも、それまでは腐敗があっても、それを上回る成長があったために何となく大目に見られてきたことが、もはや許される時代ではなくなってきたというべきか。社会全体に爛熟したムードが漂い始めた頃のように思える。一九六四年に「昭和元禄」と世相を表した福田赳夫は、この年の一二月に首相の座につく。彼が一貫して強調したのは「安定」だった。

『緋牡丹博徒』シリーズで一世を風靡した藤純子はすでに一九七二年に引退して結婚。その後を引き継ぐような形で、梶芽衣子主演の『女囚さそり』シリーズがつくられ、人気を呼んだ。冤罪で収監された女が陰惨な目にあいながら、最後に怒りを爆発させて自分を陥れた男たちに復讐する、といった筋だった。

任侠映画に大挙して押し寄せた学生たちによる運動も下火になっていた。一九七二年には連合赤軍による浅間山荘事件が起きた。冬の山中の別荘にたてこもったかれらに対し、警察が突入する様子がテレビ中継された。これを、東南アジア遠征中だった千草京子がシンガポールのホテルのテレビで見ていたのは前述の通りだ。「総括」の名のもとに、仲間内でリンチによる大量殺人が行われていたことが取り調べで発覚、世の人々の学生運動への共感は急速に冷めていった。

あでやかな緋牡丹博徒から、暗さ、陰惨さのつきまとう女囚さそりへ。時代を反映したヒロイン像といえようか。その間にもう一人、小畑千代という、成熟した「崇拝される大人の女」が君臨していたのである。

あと一歩が踏み切れなかった団体立ち上げ

佐倉が引退した頃、小畑は自分の女子プロレス団体を旗揚げしようかどうか迷っていた。フリーとして個人で活動するのではなく、組織として自分の女子プロレスリング団体をつくる――。それは小畑の長年の夢だった。何回かチャンスもあった。しかもその時は、さらに具体的な話が持ち上がっていた。浅草の彼女たちの店のすぐ近所に、道場をつくるのにちょうどいい物件が出たのだ。相当迷ったが、結局、旗揚げには至らなかった。

「現役で、さらに社長をやって、というのは」

悩み抜いて、どうしても踏み切れなかった。

旗揚げをしたら、選手であると同時にオーナー社長をすることになる。フリーとしても、興行ごとに若い選手を集めて、バスを仕立てて試合会場に行って、ということをしていたが、団体をつくるとなったら、手間はその比ではないし、かかる費用も半端ではない。事務所に道場、選手たちの寮、バスにリング、リングを運ぶトラック、その他もろもろの経費……。

銀行は、融資をしてくれるといっていた。地元の銀行の支店長が「いくらでも貸します」と言ってきていたのだった。「ゴルフ会員権を買いたいんだけど」というと、「はい、ただいま」と、すぐ融資をしてくれていた銀行だった。

けれどもその時、小畑は次の一歩が踏み出せなかった。

「私はやりたかったの。九九%、やりたかった」

しかし、残りの一%で決断できなかった。

佐倉があくまでも反対だったせいもある。二人で何度も話し合い、けんかもした。

「選手を束ねるのが大変だもの。女の子は面倒くさいのよ」と佐倉。

千草京子は「ついていきます」と言ってくれた。何人かの選手にも声をかけた。

だが……。

「すれっからしになり切ってるの。ギャラばっかりアップして。千草は信頼できるけど、他はね……。本当に信頼できるやつが三人いなかったら、そんなことはできない。本当に腹を割って、引っ張ったら動くという人材がいなかったら、興行は無理なの。詐欺師ばっかりだから。食べられちゃうんだからね。私は、選手を集めて試合をする時、電話一本だけで、断られたことはない。もらうギャラが少なくても、こちらで足してあげて、ご飯も食べさせて。もうからなくてもそうやってきた。テリーには、「ちいちゃん、あの人は人間性が悪いから組んじゃダメ。遠くから見ればわかるじゃない」って言われたこともよくあったけど」

最終的には、佐倉の慎重論が勝った。

「条件的にはぴったりだったのよ。でも、もろもろ計算したら大変な金額。今までさんざん苦労してきたから、もう結構。私はのんびりしたい、って言ったの」と佐倉。

小畑は今でも、旗揚げしていたらどうだったろう、と思うことがある。そんな時は、お金をあれにも使い、これにも使って楽しく過ごしたじゃないかと考えるようにしている。たとえばハワイ。これまでに五八回、通っている。そのたびに豪勢にお金を使ってきた。

生まれ変わってもプロレスラーになりたい

小畑にとってプロレスなしの人生は考えられなかったし、生まれ変わってもまたプロレスラーになりたい、という。

「プロレスは私の宝。死んでもまたプロレスラーになりたい。自分でもバカじゃないの、って思う。あんなに痛いのにね。けががだらけじゃん。こちら(佐倉)は笑いますよ。「不具になって、歩けなくなって、誰が面倒を見てくれるの？」って。いいんだよ、足なんてって言っちゃうの。本当におバカさんでしょう。私はリングで死んでもいいと思った」

小畑と佐倉がリングに上がったのは、一九五五～七六(昭和三〇～五一)年の、二一年間である。一〇代後半から四〇歳頃までだ。日本の高度成長期とぴったり重なっていた。

女性のアスリートとして、当時それほど長い期間にわたって第一線で活躍していたのは、驚異的といえるだろう。それだけ体のケアをきちんとしていたということであり、トレーニングを積み重ねて観客を満足させるものを提供し続けていたということだ。

かわいがられるだけの女、幼稚でこびる女に異議申し立てをして、伸びやかに、それまでの秩序を蹴破った。戦後から復興し、高度経済成長のさなか、時代も「闘う女」を受け入れるだけのバイタリティがあった、と言えないか。その後の日本は、安定、低成長、爛熟、そして長引く不況、失われた時代へと突入していく。時代のアイコンは、緋牡丹博徒のお竜から女囚さそり、そしてその後の八〇年代のアイドル全盛期を経て、おニャン子、モーニング娘。、ＡＫＢへと移りゆく。

野心的で自由な女の人生

小畑たちは、「女性が自立して働く」ということの意味からも特筆すべき存在だ。女性は、働いても結婚するまで、あるいは子どもを産むまで。四大卒の女性よりも、短大卒のほうが就職率が高かった時代である。そんな時期に彼女たちは、第一線で「働き」続けた。

しかも男性に使われたり、組織のなかで生きたりするのではなく、途中からは、フリーとして独立し、自分で自分をプロデュースした。興行という荒っぽい男社会のなかで対等にわたりあい、泳ぎきった。テレビ界の名物プロデューサー白石剛達とも、友情と信頼関係で結ばれていた。

男女雇用機会均等法が制定されるのは、彼女たちの引退からほぼ一〇年後の一九八五年のこと、男女共同参画社会基本法が制定されるのはさらに平成になってからだ。しかし二一世紀の今にしても、男女差別がなくなったとはとてもいえない。

「私たちの年代には、女だてらにこんな仕事をして、と思われていた。戦後のああいう時代に水着を着て。でも、そこで、女を売らずにやるということは大変なの」と佐倉。

小畑は、そうした思いを共有して、最後までついてきてくれた佐倉と千草には心から感謝している。

女性が女を売らず、媚びずに自立してやっていけるかどうかは、決して古い問題ではない。女を売らず、スポーツマン、アスリートとして、女子プロレスを認めさせる。それが二人の夢だった。

時代のはるか先をいった、痛快にして爽快、野心的で自由な女の人生である。

第9章

日本の女子プロレスとは何だったか

――「闘う女」の歴史

小畑の持つ IWWA チャンピオンベルト（撮影＝田中みどり）

女子プロレス初上陸

日本に女子プロレスがもたらされたのは、第二次世界大戦後である。レスリング自体は、八田一朗が一九三一(昭和六)年に早大レスリング部を創設、これが日本のレスリングの始まりといわれている。八田は一九三二年のロサンゼルス・オリンピックにレスリング代表選手として出場している。もちろんこの頃、レスリングは男子の専売特許だ。

プロレスリングを日本で広めたのは何といっても力道山である。そして、日本で男子のプロレスリングと女子のそれが認知されたのは、実は同じ年のことなのだ。

一九五四(昭和二九)年二月、力道山は米国からシャープ兄弟を招き、興行してまわった。その前年に始まったテレビ放送の波に乗り、国民的に人気が爆発したのはよく知られている通りだ。

その九カ月後の一一月に米国からミルドレッド・バークら女子プロレスラーが来日、蔵前国技館で試合を行っている。この興行を主催したのは産業経済新聞社である。後援は現在に続く社会福祉法人で、身体障害者救済のための基金を募集するためだった。同年一一月八日の産業経済新聞七面には囲みの告知がある。

わが国最初の女子プロ・レスリングの公開戦として、世界選手権保持者ミルドレッド・バーク嬢以下六名の美人揃いの一行が、来る十日に来日するのを機会に、本社では世界女子プロレスリングの神髄を広く紹介することになりました。（中略）スピード、技術、闘志において男子に劣らぬ六人の美女レスラーがくりひろげる激闘こそは満場を圧し、華麗のうちに一層の豪壮さを加え、ファンの御期待にそうでありましょう。

その横には、バークら六人の選手の写真が添えてある。女子プロレスという本邦初のものがやってくるという興奮が字面から伝わってくるようだ。入場料はリングサイドが一〇〇〇円、指定席が六〇〇円、一般席が三〇〇円。バークをキャラクターに使い、この頃新聞に広告を掲載している塩野義製薬のビタミン剤ポポンｰS錠の一五錠入りが三五〇円、五〇錠入りが九五〇円である。同製品は今でも販売されていて、六〇錠入りが一〇〇〇円弱である。同時期に新聞広告が載っているのが今はない白木屋デパートのクリスマスセールで、純毛紳士ジャンパー、婦人スーツが一五〇〇円。値段の相場観としては、日本武道館や横浜アリーナで行われるようなイメージで、リングサイドが三万円で、指定席が四〇〇〇円というところか。

彼女たちは一一月一〇日に羽田空港に到着すると、空港から新橋、銀座を経て日本橋そして日比谷公園まで二時間をかけてパレードした。これを伝える記事中で、女子柔道家が女子プロレスについて「(女子プロレスは)日本ではできないでしょうね。できたとしても〝物珍しさ〟の域を出ないでしょう。女子野球の例もあることだし—柔道をやっても物好きと冷たい眼でみられる不思議な国のことだから、ましてプロ・レスなんかはじめたら狂人扱いでしょう—」と語っている。

やはり、日本では女性が格闘技をすることが、まだまだ「キワモノ」、いやそれ以上の尋常ならざるものとして見られていたことがわかる。

試合の前日には、国際劇場で和服姿の日本人選手四人も一緒に前夜祭を行った。産業経済新聞は、二〇日に初試合の模様を伝えている。ちなみにこの日の一面は、来春に米ソ英仏の四首脳会談が行われるかもしれないという冷戦下での平和共存に向けての動き、それから吉田茂内閣に対して反吉田運動が盛り上がり、政情不安となっている様子を伝える記事である。

試合の模様はスポーツ面のトップ記事で、八段を割き、写真三枚を使って伝えている。「世界女子プロ・レス初公開」「日本女子選手による二組の前座試合ののち、いよいよ米国選手の試合となるや男子をもしのぐ猛烈な試合ぶりに満場騒然、興奮のるつぼと化し、レスリングの醍醐味を百パーセント満喫させた」。国技館は超満員の一万五〇〇〇人で埋まったという。

ここからは彼女たちのテクニックやパワーに圧倒された様子が伝わってくるが、同日の隣の面では「ひきむしり嚙みつく」というタイトルで、かなり興味本位の記述となっている。「もつれるにしたがい水着の乳あてのあたりがゆるむ。すると、やはりプロレスラーでもそこは女、しきりと気にする。観衆はここぞと容しゃなく沸きかえる」。一般紙とは思えないような記述だが、これが率直な感想だったのだろう。翌日もスポーツ面のトップ記事で「満場興奮のルツボ」。三日目でも国技館に一万人余が押し寄せた。ただ、他の新聞では朝日、毎日、読売共に事前告知はなく、当日も「プロレスリング世界女子大会」と「今日の運動」欄に一行情報だけが載っている。

ミルドレッド・バークは、米国においても女子プロレスにスポーツ性を持ち込んだ、いわば革命を起こしてスターとなった人物である。韓国の玉京子は、彼女の記事を雑誌で見て憧れ、プロレスリングの世界へと足を踏み入れている。

バークの興行には、ボードビリアンとして有名なパン&ショパン猪狩兄弟の妹である猪狩定子らも出場した。これが日本人による女子プロレスの始まりのようだ。バークの来日以前から、猪狩兄弟がフランスのナイトクラブでやっていたガーター獲りを日本に持ち込み、定子らが行っていた。ただ、『女子プロレス　終わらない夢——全日本女子プロレス元会長松永高司』(扶桑社、二〇〇八年)によれば、定子は「ガーターを獲ろうとすると、自然と闘いになっちゃう。本当にマジにやりましたよ！　派手さはなかったみたいね」と格闘技色の濃いものだったと証言している。

全日本女子プロレス会長、松永高司

日本の女子プロレスは幕開けこそ米国女子プロレスの強い影響下にあったが、日米の女子プロレスはかなり違う形で進化していく。

第2章でもふれたように、その後、小畑の所属した東洋興業の東京女子プロレスなど、複数の女子プロレス団体が旗揚げされ、交流戦なども各地で行われていた。しかしそれも長くは続かず、東京女子プロレスも一九五七年頃に解散、小畑はそれから「インディペンデント」で活動する。

一方で、もう一人、細々と女子プロレスの興行を続けていた人物がいた。

それが松永高司である。松永は一九三六(昭和一一)年生まれ。一九五四年に設立された「全日本女子プロレスリング協会」に、妹の吉葉礼子が入門したのがきっかけで、この世界に足を踏み入れた。この頃、松永は洋品店で傘などを商っていたが、柔道のたしなみがあったため、女子選手らに教えてほしいと請われて道場に行っていた。ここでは、小畑らを指導した木下幸一も指導をしていた。松永自らも柔道とボクシングを合わせたような「柔拳」をやり、選手として興行に加わったこともあった。一九五七年に小畑が沖縄で興行したとき、松永もフィリピン人ボクサー「チャン・マメルト」として同行していたのは前述のとおりだ。

女子プロレスは興行としては楽でなかったようだ。松永は『現代思想』(二〇〇二年二月号)のインタビューで「食えてなんかいなかったよ。生活費は洋品屋をやってたんでそれでまかなってた」と語っている。松永はストリップ劇場でも興行をすることがあったという。もちろん、女子プロレスの興行であって、ストリップをしていたわけではない。しかし体育館や公会堂とストリップ劇場ではイメージも異なり、客層も違ってくる。女性は足を向けづらいだろう。

松永は「いつも、体育館で試合をすることを夢見ていました。いつかは体育館で…って言い続けていたの。ストリップ劇場でもふざけはダメ、お色気もダメと」と語っているが、小畑や佐倉からすれば、ストリップ劇場で興行することが許せない行為だった。松永自身、「小畑さんなんかは、あまり交わらなかったですね。グループが別だったから」と語っている。

ただ、一九六三年の「日韓親善」の韓国での女子プロレスの興行では、小畑、佐倉と共に協会の選手らも参加している。

マッハ文朱の登場

一九六七年、実業家だった中村守恵が「日本女子プロレス」を旗揚げした。翌年、東京12チャンネルによる女子プロレス中継が始まり、ブームを呼ぶ。中村は日本女子プロレスとしてメンバー募集もしており、千草京子はそれに応募して小畑らと出会っている。松永は一時日本女子プロレスにも所属するが、分かれて翌一九六八年に「全日本女子プロレスリング（全女）」を立ち上げる。松永らが離脱した後、小畑が「日本女子」に所属、テレビ放映もそのマネジメントのもとに行ったことになっているが、前述したように小畑によれば、それは契約上の話にすぎない。小畑自身の認識としては、あくまでも自分は「インディペンデント」で、中村のもとに所属した、ということではなかった。

「全日本女子プロレス」は、当初愚連隊の親玉だった万年東一を会長に迎えた。松永は男兄弟が五人の三男だが、このうちの長男を除く四兄弟で全女の経営を行った。初期の主力選手だった京愛子やジャンボ宮本は親戚であり家内工業の匂いが非常に強い。

それが、ショービジネスへと変化する転機となったのはマッハ文朱の登場だ。

彼女はオーディション番組『スター誕生』で山口百恵と競って負けた後に全女に入門、一九七四年にデビュー。翌一九七五年に早くも全女の最高位のチャンピオンシップであるＷＷＷＡ（スリーダブリューエー）王座を獲得した。歌手としてもレコード『花を咲かそう』を出し、映画にも出演する。女子プロレスラーが、芸能活動をするようになったのである。

このあたりから、一〇代の少女たちがファン層の中心になってくる。もはやストリップ劇場での興行などあり得ない。日の当たる場所で興行するようになり、芸能度がどんどん増してくる。女子プロレス人気に火がつくが、マッハはあっという間に、一九七六年に引退してしまう。

一世を風靡したビューティ・ペア

入れ替わるようにデビューしたのが、ビューティ・ペアのジャッキー佐藤とマキ上田だ。一九七六年にはレコード『かけめぐる青春』を出して一大ブームを呼び起こす。「ビューティ、ビューティ〜」というこの歌のフレーズを覚えている人もいるだろう。テレビの歌番組やバラエティへの出演、コンサートなど、タレント活動も全盛となる。他にナンシー久美なども人気を呼んで歌手デビューも果たし、池下ユミと阿蘇しのぶのブラック・ペアも、ビューティ・ペアの敵役として名をはせた。ブラック・ペアにビューティ・ペアがやられる時は、少女たちの悲鳴がプロレス会場にも、そしてテレビの前にも響きわたった。中継はフジテレビだった。

しかしこちらも活動期間は長くなく、敗者が引退するという身も蓋もないルールでジャッキーとマキは対戦させられてマキが負け、一九七九年にはビューティ・ペアは解散する。

その後、女子プロレスの人気は一時落ちた時期はあるものの、一九八四年に長与千種とライオネス飛鳥によるクラッシュ・ギャルズが結成され、人気を呼ぶ。歌手デビューも果たし、再び後楽園ホールはお揃いのハッピをきて、横断幕をつくり、紙テープを投げて熱狂する一〇代の女子たちで埋まるようになる。ダンプ松本やブル中野といった名ヒールレスラーも出た。

ちなみに、紙テープは買ってきたものをただ投げるのではない。リングめがけて宙に美しく弧を描かせるために、芯を抜いて巻き直すという手間がかかるものなのだ。少女たちの汗と手間の結晶である。彼女たちは、ひたすら紙テープを巻き直したものを「投げてください」「お願いします」と、リングサイドの観客たちに配り歩く。選手たちを紙テープの渦で祝福したいからだ。人気選手ともなると、選手がリングに入場して名前がコールされると共に一斉にテープが舞い飛び、そのままテープの乱舞が数分間にわたって続くのだ。

一九八〇年代半ばには、後述するが、全女に入門するためのオーディションに二五〇〇人が押し寄せた。クラッシュは一九八九(平成元)年に解散し、二人は引退。長与は二五歳目前だった。次第に選手たちの活動期間は長くなっているが、それでも選手たちの「賞味期限」は一〇年にも満たず、あまりに短く目まぐるしい。「使い捨て」という言葉がどうしても浮かんできてしまう。

一九八六年には、ジャパン女子プロレスが旗揚げする。女子プロレス団体は長らく全女一つしかなかったが、ここに二団体目が誕生した。時代はバブルの真っただ中で、このジャパン女子のコンセプトも、当時人気を博していたアイドルグループ「おニャン子クラブ」をイメージした「プロレス版おニャン子クラブ」だったという。ゆえに、「おニャン子」(筆者はまさにその時代を生きてきたが、今聞くとけったいな名前である）をプロデュースした秋元康がアドバイザーとして関わっていた。

こうなってくるとスポーツとしてのプロレスも何もあったものではないが、このジャパン女子には、柔道の世界選手権で三位になった経験のある神取忍が参加し、異彩を放っていた。ジャパン女子に即戦力が必要なこともあり、ジャッキー佐藤がジャパンに加わるなど、一度引退した選手の復帰も見られた。それでも、ジャッキーはこの時二八歳。全女は、まだまだ通用する選手たちを無理やり入れ替えていたともいえるのかもしれない。

しかし、ジャパン女子は最初こそ華々しかったものの経営は安定しなかった。経営陣はたびたび変わり、選手からも不満が頻発した。神取とジャッキーのけんか同然の試合でジャッキーが惨憺たる負けを喫し、そのまま唐突に引退してしまったことも団体のイメージをさらに悪化させた。

小畑は言う。

「プロフェッショナルなら、あんな試合をしてはいけない。もう闘えない人を必要以上に攻めてはいけない」

一九九二年にジャパンは解散、ＪＷＰとＬＬＰＷという二つの団体に分裂する。前者は旧スタッフが経営し、キューティー鈴木や尾崎魔弓らを擁し、後者は選手だった風間ルミが率いて神取忍らが所属した。

ここで団体が複数できたことで、団体間の交流戦が一時人気を呼ぶ。武道館や横浜アリーナなどでの興行も行うなど、かなりの人気も得ていた。たとえば、その後タレントへと転身した北斗晶と神取忍の対戦などは、壮絶な流血マッチとして語り継がれている。

全女もアジャ・コングや豊田真奈美など、名プレーヤーも輩出した。しかし、松永会長がバブル期に不動産や株式投資をしていたことから経営がおかしくなってくる。かつてほどのカリスマ、スター選手が出なかったことも輪をかけ、一九九七年に倒産した。その後も活動は続けていたが、二〇〇五年に解散。最後に残った選手は他団体へ移籍したり、フリーで活動するなどしていた。

長与千種はレスラー引退後、俳優に転身していたが、やはりレスリングにまだ未練があったのであろう、一九九三年に復帰、一九九五年に自らの団体「ＧＡＥＡ　ＪＡＰＡＮ」を旗揚げした。二〇〇〇年にはライオネス飛鳥とコンビを復活、「クラッシュ２０００」を結成した。ＧＡＥＡもまた一〇年後の二〇〇五年に解散する。

全女の「二五歳定年制」

途中のブランクがなければ、長与は果たしてどうなっていただろう。半ば強制的に引退させられたようなものだ。全女はまだまだ光り輝いている選手のポスターやパンフレットの扱いを悪くする。会社は別の選手に乗り換えたのだとファンにも如実に伝わった。残酷なまでに露骨だった。この選手はもういい、と判断されると、それまでメーンを張っていてもどんどん試合順が前になる。こうなるとファンもやる気をなくすというか、熱がこもらなくなってしまう。会社からみればやはり人気がなくなった、とますます扱いが悪くなるという悪循環が生まれてくる。いわば会社、すなわち男性によってポンと終わりというレッテルを貼られてしまったようなものなのだ。

途中で引退することなく、息長く活動した女子レスラーとして特筆すべきはデビル雅美だろう。一九六二年生まれ、一九七八年に全女からデビュー、二五歳を迎えたため一九八七年、フリーとしてジャパン女子に参戦、ジャパンの解散後はJWP、GAEA、そしてフリーで活動し、二〇〇八年に引退した。途切れることのない選手生活は三〇年にわたった。団体の意向や動向に左右されながらも、レスラーを思う存分全うした生き方であろう。

筆者は、デビルのデビュー直後から引退までをリアルタイムで見続けてきたが、年齢と共にレスリングの技やリング上のふるまいの一つ一つが味わいを増し、滋味深くなった。このような女子プロレスラーの一生を見届けられて幸せだった。体力は落ちていっても、他の点で十分カバーできることを実証した。デビルは、「プロレスの意味」について「勝ち負けだけじゃなくて、試合を全部観て、おもしろい、楽しい、あの選手のあのあいうところがいいとか、そういうことを味わってほしい」と語っている（柳澤健『1993年の女子プロレス』双葉文庫、二〇一六年）。

ベテランならではの落ち着き、余裕、熟練の技、ユーモア、懐の深さ、視線から指一本の先まで神経の行きわたった仕草……。もちろん鍛錬あってのことだが、こういう年の重ね方があるのだと、見ているこちらまでうれしくなった。無理に若作りをするのではない。きちんと自分の年齢や現状に向き合い、その上で可能性を、未来を追っていた。まさに大人の、成熟した魅力を放つプロレスラーだった。デビルは根強い人気があり、筆者のように勇気や元気、夢をもらった女性たち(男性も)は多かっただろう。大人の鑑賞に堪えうる、大人だからこそ楽しめる健全な女子プロレスだった。年齢と共に新たなファン層も獲得していたように思う。

その先達が小畑や佐倉だったのだ。デビルは小畑の二六歳下になる。小畑後、女子レスラーが自分の意志で自由に生きられるようになるには、四半世紀がかかったのである。

全女の全盛期を知る小川宏

松永高司は二〇〇九年に物故。当時をよく知る関係者はもうほとんど残っていない。

小川宏は全女の全盛期と松永兄弟をよく知る、今や数少ない人物である。

今は独立して女子プロレス団体スターダムを率いる小川は、一九五七年生まれ。一九七八年からスタッフとして全女に在籍した。昔からプロレスが好きだったが、小川が中高生の頃は、テレビで見られるのは男子ではジャイアント馬場率いる全日本プロレス、アントニオ猪木率いる新日本プロレス、国際プロレス、そして後になって女子の全女くらいしかなかった。テレビで見ているのだけでは物足りず、高校一、二年の頃、住んでいた千葉から黄色い電車の総武線各駅停車に乗って水道橋の後楽園ホールに行ってみた。昭和四〇年代、まだマッハ文朱も出る前のことだ。ジャンボ宮本や赤城マリ子が活躍していた。

女子プロレスの試合の何が面白かったのか。

「全女では女子プロレスって大技といわれるものを必ず二回やるんです。途中とフィニッシュで一回ずつ。当時だからあまり高度な技はなくてブレーンバスターとかスープレックスだけど、二回ずつやる。出し惜しみをしない。少年心にもああ面白いなって。試合の写真を撮っていたんですけど、二回やってくれると撮るチャンスがあるわけです(笑)。それに、プロレスって絶対に見たいものを見せてくれる。野球はホームランを見たくても必ずしも出ないけど、プロレスはその技が絶対に出るんです」

後楽園だけでなく関東近辺での興行にも足を運ぶようになった。足しげく通ううちに、熱心に写真を撮っている少年が珍しかったのだろう、松永高司会長が声をかけてきた。松永にはそういう親しみやすさ、人なつこさがあった。すぐに顔なじみになり、フリーパスで入れてくれるようになった。リングサイドのかぶりつきで写真を撮り、女子プロレスを特集する雑誌などにも頼まれて写真を提供するようになる。その頃には小川は高校を卒業し、写真の専門学校に進んでいた。

そうこうするうちに、ビューティ・ペアの人気が炸裂する。会場もティーンエイジャーの少女たちとその黄色い声で埋め尽くされるようになる。

「(女子ばかりの中に)ちょっと入りづらかったけど、たまに行ってたら、会長に「うちのカメラマンが辞めたから、やってくれないか」って。いきなり和歌山に行ってきてくれって言われてよくわからないまま行った。それで会場に行って写真を撮ってはポジを持っていって、お金をもらって。そのうち一九七七年一二月にグアム遠征があって、来てくれって言われていったのが写真の専門学校二年の時です。就職も何も考えてなかったけど、ビューティ・ペアの芸能担当をやっていた人から、「そんなに好きだったらうちの会社に入れよ」って。「どうやったら入れるの？」と聞いたら、「うちは試験がないから、とにかく毎日会社に来い」って言うんです」

そこで小川は一九七八年一月から、毎日千葉の自宅から目黒の全女の事務所まで通った。大した仕事をしたわけでもなく、チケットを用意したり、雑用をしたり、芸能活動を盛んに行っていたビューティ・ペアの付き人のようにテレビ局に一緒に行ったりもしたのだった。

日頃、選手は興行で地方を回っているから不在で、事務所に残っている連中は、七時が定時だったが、六時くらいに冷蔵庫からビールを取り出して飲み始める。それで景気をつけて、定時をまわると夜の街へみんなで繰り出していた。ビューティ・ペアの黄金時代で、金回りもよく、興行をすれば現金がばんばん段ボール詰めで入ってきたという。毎晩のように会長以下豪遊した。

「目黒の焼き鳥屋から始まって、キャバレー。ステージがあるグランドキャバレーです。それからスナックへ。ほぼ毎日、会長が先頭に立って一〇人くらいで。僕は二〇歳で毎晩キャバレーですよ。そのうち、会長から「お前、そんなに好きならうちにアルバイトで入るか」と言われたんですよ」

タイトルマッチの記録もない

入社してすぐ気づいたことがあった。プロレスの団体なのに、タイトルマッチの記録がまったくないのだ。当時から全女にはＷＷＷＡというチャンピオンシップのタイトルがあった。それをめぐる王座決定戦なども行われており、他にもさまざまなシングルやタッグの王座があったにもかかわらず、一切記録を取っていないのである。

「プロレスを興行のために適当にやっていただけなんですよ。これはちゃんとしなくちゃいけないと思って、資料の整理を始めました。新聞をひっくり返して、初代から全部記録の付け直し。といっても、誰が初代なのかもわからないから、適当につけちゃうしかなかったんですけど」

結局松永らはスポーツエンタテインメントとしての自覚がまったくなかったのである。とにかく旬の選手、会社として売り出したい選手にＷＷＷＡや新人王を取らせる。基本はそれだけだ。

でも、だからこそ小川は自分を生かす道を見出した。

「やるからにはこの団体の一番になりたいなと思ったんですよ。全日本と新日本は既に有名だから入っても無理でしょう。全女はあまり知られてないから、ここに入れば一番になれるかと」

しかしすぐにそれも無理だと気づく。全女は松永兄弟の同族会社だったからだ。幹部は松永一族で占められている。それゆえにおおらか、適当、いいかげん、何でもあり、だった。

「ある意味で昭和の豪傑というか、適当というか、めちゃくちゃでしたよ(笑)」

「あの人たちは興行師というか、テキ屋みたいな感じですね。営業的な戦略は何もしていなかった。興行を差配して、いい時は自主興行をやって、という。たまたま売れちゃって、ポスターを貼って、興行の前には優待券という割引券を直前にまいて、それでお客さんを入れて、みたいなものでした。いい加減ですよ。それでも、そういう時代だから」

当時、プロレスラーになりたいという才能あふれる原石、少女たちはわんさかいたから、スターも生まれやすかった。前述したように長与千種とライオネス飛鳥によるクラッシュ・ギャルズの結成が一九八四年。翌年からはテレビ中継もフジテレビ系で週二回、平日夜と週末にも放映した。ピークの一九八六年には、オーディションに二五〇〇人もの少女たちが押し寄せた。選ばれるのは一〇人足らずだったから、非常に狭き門だったのだ。この時合格した少女には、アジャ・コングや、全女を退団し、のちにFMWで再デビューして人気を得た工藤めぐみがいた。

クラッシュで人気が出ると、松永は目黒の事務所の隣の土地を買って、事務所と道場を拡張した。クラッシュが解散した後も株式投資と不動産投資で興行の落ち込みをしのいだ。平成に入り、前述のように団体の枠を超えて対戦する対抗戦の時代を迎える。ファンは再び男性が増えてくる。だが、地上波のテレビ中継はすでに週二回もなく、団体の数こそ多いものの往時の勢いはない。

自己主張を始めたら、全女的にはいらない人

小川が在籍した当時、全女は一〇代後半から二〇代前半の若い選手ばかりだった。マッハ文朱もビューティ・ペアも、ブレークしたのは一〇代の時である。二五歳定年制、といわれていた。

「それは完全に後付けですね。別にそんなルールはなかった。だけど、中学出て入って、肉体的にも精神的にも一〇年もたないんです。興行をしている側からすると、女子プロは若い子を見

たい。ベテランになってくるといられなくなる。いさせたくない、というのもあるでしょうね。ギャラも高くなるし、言うことを聞かなくなるから、団体としては必要なくなってくる。動員もなくなってくる。自己主張を始めたら、全女的にはいらない人になってしまう」

二五歳定年制について、松永高司はこう語っている。

「二五歳を超えた選手が化けるとは思わないもん。二五歳を過ぎてから人気が出た選手は、ひとりもいないんだよ」

「二五歳を過ぎてもプロレスをやるって言うなら、やはりメインエベンターでも後ろへ引かせないと、どうしてもそこがガンになると。だって、次を出しておかないと、そのメインエベンターが終わったら、会社が全部終わっちゃうもんね」

「女子レスラーのいい時期は、一五歳から二五歳まで。最高に光らせて、ピークに持っていったときに辞めさせる。それで「二五歳定年」なんですよ」

しかし、小畑は違った。三〇を過ぎてからテレビ中継に登場し、最盛期を迎えている。

全女では、選手たちは二五歳で自分の意思とは関係なく引退させられた。小川の言うように、自分の意思や考えが出てくると、団体としては扱いにくい存在になるのだ。会社の都合で動いてくれているうちがいい。それが過ぎたら旬も終わりと会社が決める。

松永一家にとってプロレスは飯の種

試合の記録をきちんと整理し、クラッシュを売り出し、対抗戦なども仕切り、全女に貢献した小川だったが、一九九七年に去る。辞めるのは全女がなくなる時か、松永会長が死ぬ時しかないと思っていたのに、なぜか。

「二世の時代を作りたがったんです」

松永兄弟が、だ。同族会社で、しかも四兄弟だから子どもはたくさんいる。

「(子どもたちを)どんどん入れて、その人たちに肩書をあげたがるんです。自分より一〇歳、二〇歳以上も下で、他の仕事につけなかった人間が入ってくる。自分たちの肩書も上がりますよ、古株だから、上げなくちゃならない。えらくはなったけど、やりがいはなくなった。今まで自分が単独で決めていたことが合議制になったりとか」

小川の肩書はどんどん上がり、取締役企画本部長となった。

「取締役といっても名義上であって、登記上そうなっているかはわからないです。自分たちの二世を取締役にしたかったから」

同時に、全女の借金も膨らんでいた。女子プロレスそのものの人気が下降線をたどっていたことに加え、バブル時代の不動産投資や株式投資の失敗もかさんでいた。秩父の山中に広大な土地を買い、リングスターフィールドという宿泊施設をつくったが、もうかるはずもなかった。

「対抗戦の終盤の頃。株式投資の失敗で(借金が)雪だるま式になっていて。最後のほうは二〇億とか三〇億とか、会長は嘘みたいな話を言うんですが、だんだん話がでかくなってきた」

「開き直っているんですよね。大変でしたよ。大きい支払いはほとんど手形を切って、大会の翌日に手形を振り出す。そこでお金が集まらないと手形が落ちない。だから必死でしたよ。お金が集まらない時は、会長は朝からいないんです」

「ある日、会社に行ったら、営業のやつが「みんな、消費者金融に行ってもらうことになった」って言うんです。「会社にお金がなくて大変だから、一人五〇万円借りてきてくれ」と」

サラ金で自分の名義で借金し、それを会社が召し上げて手形を振り出すというのだ。

「びっくりしましたよ。そんなところ行ったことがないから。でも、その時は会社に殉職するつもりでいたから、しょうがないなと思って」

五〇万円借りて渡したら、五万円をくれたという。

「自分は返済してもらいましたけど、最後まで返済してもらえなかった人もいる。自転車操業だからお金がどんどんいるんです。でも、自分はまだいいんですよ。全女って松永兄弟と丁稚《でっち》の間柄で、イエスマンしかいない。意見を言っていたのは自分だけです」

選手たちは一試合いくらのファイトマネーを、月給制でもらっていた。

「給料が遅配になった時期があったんです。一カ月に全額が払えなくなった時に選手も一人抜け、二人抜けていってこれはやばいなと。何人かの選手から「一緒にやってほしい」と言われて」

それで、独立を決めて、新たな団体「アルシオン」を立ち上げた。

その後も、松永氏との遭遇はあった。

「会長は、最初は女子プロレスを好きだったと思いますけど、最後のほうは飯の種じゃないかな。事務所でプロレスの話をする人は誰もいなかったです」

プロレスの会社なのに？

「だって、みんな興味ないから。次の興行をどうしようっていう話ばかりしてる」

一流の選手の条件

女子プロレスに関わり続けてきた小川が語る、一流選手の条件は非常に興味深い。

たとえば、長与千種。

「彼女は最初体も小さかったし、落ちこぼれでしたよ。頭角を現してきたのは、男子のプロレスを彼女は好きで、それを真似したからです。長州力や藤波辰爾の張り手合戦とか前田日明とか」

「好きで見ている人って、間とか、雰囲気からいろいろ感じ取れるんです。この試合の、ここがこうだから面白いというのがわかる。だから自分がやる時もタイミングを再現してみたりする。お客さんの気持もわかる。プロレスはお客さんに認めてもらわないとね。お客さんと対話するというか」

リングの上での、体を通した〝対話〟だ。どうやって身に付けられるのか。

「日頃の練習もそうだし、プロレスでないもの、いろんなものを見ることが大事じゃないですか。表情も大事、喜怒哀楽を出せるような。一つの試合が一つのドラマなんですね。平坦ではなくて、起承転結がある。それでお客さんがのめりこむ」

一つの試合が一つのドラマであり、起承転結がある。小畑の言っていたことと見事に符合する。

「プロレスって、競技スポーツではない。どっちかというと、コンサートとかライブに近い。でも、やっている人はアスリートでないとだめなんです。あと、ナチュラルな俳優的な要素もいる。人間の魅力もなきゃいけないし。それがリングの上で全部出るんです」

「試合を見て、その人に惹きつけられるということは、人間の魅力があるということですよ。じゃないとスターになれないですよ。あと、華がないといけない」

華とは何だろう?

「これは、もって生まれたもの、その人の身に付いているものだと思います。そこまで行く人は、本当にごく少数ですね」

長与について「彼女はいろんなことをやりたかった年齢の時にやめてしまったから」という。

「全女はしょうがないんです。熟す前に辞めちゃうから」

それが、松永兄弟に率いられていた全女に所属していた長与の悲劇だったのかもしれない。

小畑はどうだろう。研究熱心、客との対話、試合の流れを自分で組み立てる、そしてスターとしての華。全盛期の小畑はそれらをすべて兼ね備えていた。そして、自分でインディペンデントとして活動していたために、キャリアを組織の都合で中断させられることなく、四〇歳まで一貫して一線でリングに上がり続けることができた。

今、小川の率いる団体には学生もいる。学校に通い、空いている時間でプロレスをするのだ。「昔はそんなことは許されなかったです。試合がそれだけ多いから、学校へ行けない」普段は地方から地方へ旅回りの日々だ。バスで移動し、バスの中で寝泊まりすることも多い。洗濯物もバスの中に干していた。しかし、今はそんな生活では選手がついてこない。

女子プロレスにはかつて、家庭的に恵まれていない選手も多くいた。片親だったり、家が貧しかったり。お父さんを見つけたい、お母さんを楽にしてあげたい、家族の暮らしを支えたい、そんな理由でレスラーになりたいという少女たちも多かった。

今は違う。つらかったらやめて、別のことをすればいい。そんなに苦労してまでやって何になるのか。実際、そんなに人気も出ていないじゃないか――。昔に比べれば考えられない自由さだ。小川は、「全女なんか昔は奴隷ですよ、奴隷」とまで言った。

しかし小畑や佐倉は家庭的にも恵まれていた。それでも根性があり、腹が座っていた。絶対にやめようなどと思わなかった。生死をかけて焼夷弾の下を逃げ回った体験のゆえか。焦土から日本が立ち上がる中で、貧しさを間近に見ていた時代のゆえだろうか。

携帯があれば興行ができる時代

小川は、選手生命は短いほうがいいという。それは彼が興行をしている側であり、男性であるからかもしれない。二五歳定年制とも通じる考え方だ。

「花の命は短いほうがいいんですよ。散り際が一番いい。その人のピークというのがあって、二度も三度も波は来ない。団体をやっている立場からいったら、古い人にはいてほしくない。その人たちがいつまでも輝いてくれればいいけど、ベテランになっても、人気や力量自体のポジションはどんどん変わっていく。いつまでも上の立場でいられたら困るわけです」

今は団体が一〇以上ある。個人商店同様のところもある。群雄割拠といえないこともないが、かつてのような人気はない。日本武道館や横浜アリーナといった大箱で試合できる団体はない。娯楽も多様化したのだ。男性が経営のトップに携わっている団体は少ない。元選手か現役選手がやっているものが多いという。小川に言わせれば、それは「悪しきこと」だという。

「だって、団体を率いるような人じゃない人までやっているから。ハードルが低くなっているんですね。いい悪いはないんですけど、この先のビジョンがあるのかな」

ある程度のプロレスの経験があって、携帯一本あれば、なんとか興行が成り立つ時代になったのだ。ようやく時代が小畑に追いついたのかもしれない。女が「インディペンデント」で生きていけるようになったのだ。

小川は、東京12チャンネルで最初に放映した女子プロレス中継を覚えていた。小学生か中学生の頃だが、毎週欠かさず見ていたという。

そして興味深い話を教えてくれた。小畑と対戦したムーラは自らの実年齢を決して明かすことはなかったが、それを知ってしまったというのだ。一九七九年、ムーラが全女に興行のため来日したことがあった。当時のスターだったミミ萩原などと対戦した。ミミは当時二〇代前半だ。「成田に送りにいった時パスポートを預かったんです。ムーラは決してパスポートを見せなかったんですけど、手続きをするといって、見ちゃった」

当時で五六歳だったのを鮮烈に覚えているという。ということは、一九二三年生まれ、一九六八年に小畑と対戦した時は四五歳くらいだったことになる。

全女初の外人レスラー、メドゥーサ

小川の事務所で取材した時、たまたま貼ってあったポスターに、珍しい名前を見つけた。メドゥーサ。

米国出身の女子プロレス選手で、かつて一九八九年から一九九一年まで全女で専属契約を結んで活動した。米国人選手として初めて、全女と所属契約を結んだ選手だった。現在、小川の団体の「USAコミッショナー」になっているという。彼女の足跡をたどると、日本の女子プロレスが、発祥の地米国とまったく違う発展の仕方をしたことがよくわかる。

来日した彼女に話を聞くことができた。

メドゥーサは二〇一五年、米国の大手プロレス団体「WWE」のプロレスの殿堂入りを果たした。男性では一〇〇人以上いるが、女性ではファビュラス・ムーラをはじめ数人しかいない。しかも、その中には選手ではない「マネージャー」も含まれている。

メドゥーサ、本名デブラ・ミッシェリーは一九六三年二月、ミネソタ州生まれ。高校中退後、身長一七七センチという恵まれた容姿を生かすべくモデル学校に入り、卒業。ダンスを学び、その後レスリングスクールに入る。

二三歳の時、女子プロレスラーとしてデビューするが、それは「ひどい」ものだった。米国では女子プロレスが独立して興行を行うことはない。男子プロレスの前座、添え物扱いで、しかも技や面白さ、楽しさはあまり求められない。そもそも、プロレスそのものが非常に階級的なスポーツである。二〇一六年の米大統領選挙でトランプ氏を支持した代表的な層だといわれている「レッドネック」、つまり保守的な貧困白人労働者層が好むものだとされている。中間層を中心に、女性も男性も幅広く見る日本とは明らかに違う。

そこで、セクシーなコスチュームを着た、「選手」という言葉がふさわしいかどうかわからない水準のレスラーたちが、「試合」をする。

しかも、女性は米国のプロレスでは独特の役割も担う。それは「マネージャー」だ。男性レスラーのマネージャーとして、セクシーな、体にぴったりしたドレス、あるいは水着を着た女性が男性レスラーに寄り添い、一緒にリングに入る。時にはマネージャー同士でマイクパフォーマンスをして罵り合い、キャットファイトばかりにつかみあう時もある。

スポーツ性とは程遠く、男目線で、夜の匂いがぷんぷんする代物だ。

女子プロレスラーとマネージャーを主人公にした『カリフォルニア・ドールズ』(一九八一年)と

いう米国映画がある。プロレスラーよりも、ピーター・フォークが演じるマネージャーのほうが主役である作品だ。そこでの女子プロレスラーのタッグチーム、カリフォルニア・ドールズは、「客が見るのは胸と尻だけ」「勝ち負けより要はボインだ」という言葉を投げつけられ、あろうことか本人たちの意に反して泥レスまでさせられる。ほとんどストリップだ。日本の女子レスラーと試合をするシーンもあり、日本選手たちの多彩な技とパワーにしてやられる。だが、日本選手の動きから、回転エビ固め（サンセットフリップ）を会得し、決め技とするのである。

ドールズはさんざんな目にあいながら必死ではい上がり、最後はチャンピオンとなるのだが、登場する女子プロレスラーは、あくまでも男性マネージャーとセットである（ただし、女性の実力プロモーターは出てくる）。

恵まれた体格、運動神経にも秀でたデブラはアスリート志向だったが、それは当時の米国ではほとんど求められていないものだった。長い間、彼女はギャラをもらわずに試合をした。ただただ、レスリングを愛していたからだ。一年たち、二年たって、ようやく初めてのギャラをもらった。それは、五ドルだったという。彼女の貯金は次第に底をつき、移動のための車に寝泊まりする日々が続いた。やがて車も売らなければならなくなり、ホームレスになった。それでもプロレスが好きで好きで、続けていたのだった。

そこに、プロレス団体のAWAから声がかかり、彼女はようやく定期的に上がれるリングを得たのだった。最初に支給された給料は八〇〇ドル。デブラはそれで、家族のための墓石を買った。

「日本に来たくありませんか？」

それから彼女は、『プレイボーイ』に載せるためのヌード写真を撮った。その時に、デブラに日本から電話がかかってきたのだ。

「日本に来たくありませんか？」

日本か、『プレイボーイ』のヌードか。

ここが運命の分かれ道。彼女は日本の女子プロレスを選んだ。ＡＪＷＰ（All Japan women's pro-wrestling）、全日本女子プロレスが彼女の新しい舞台となった。

そのことが彼女の人生を大きく変えた。もちろん、『プレイボーイ』に載っていたらそれはそれで人生がまた変わっていたかもしれない。けれども、新しいスタイルのプロレスをすることはなかっただろう。ヌードグラビアの契約を破棄して、デブラは日本行きの飛行機に乗った。

日本で目にした女子プロレスは、今までのアメリカ流とは百八十度違うものだった。

高度なスポーツであり、技の競い合いであり、健全な華やかさがあった。

アメリカでは観客といえば、アルコールの匂いが立ちこめる男性ばかりだった。だがここ日本では女性ファンが詰めかけ、揃いのハッピを着て、手作りの横断幕に、甲高い歓声が飛んだ。

しかし、そんな派手な場面は、ほんの一側面にしか過ぎなかった。全女の一年目は、ノーギャラでどさ回りをしていた時代に負けず劣らず厳しいものだった。全女に入門した新入りは、まず下働きをしなければいけない。事務所の雑用、道場の掃除、全女が経営するレストランのウエイトレス……。誰よりも早く起きて、あれこれ割りふられる仕事をして、そのうえでトレーニングを積まねばならない。

先輩たちは決してあたたかいとはいえない。というより、いじめや、時には暴力も横行していた。しかも、デブラは「ガイジン」だった。日本語がわからない。

だがこの場合、それがよかったのかもしれない。悪口をあからさまに言っていたとしてもわからないし、いじめで無視されているよりも、「言葉がわからないから」話せない、と思っていたほうが救われるかもしれないからだ。しかも、彼女は当時すでに二六歳。全女の選手たちよりも、年齢的にも精神的にもずっと大人だった。彼女には全女の選手たちは「girl」に見えた。

やがて、彼女があきらめない、やめようとしない、アメリカに帰らず、あくまでも、どんなにつらくても日本にとどまるのだということがわかった時、デブラより年下の少女たちは、彼女を「仲間」として受け入れたのだった。

「そして少女たちは私を尊敬してくれたの」

米国で彼女がやっていた「適当な、レスリングらしきもの」とはまったく違う「女子プロ」にデブラは魅せられ、打ち込んだ。ストロングスタイルを呼ばれるパワーと強さを求めるプロレス。これこそ、彼女の求めていたものだった。全女初の専属外人レスラー「メドゥーサ」として彼女はデビューする。彼女は本当の新人として、文字通り生まれ変わったのだった。

「それは私にとって本当に新しくて、名誉なことでした」

彼女は相応のギャラを手にし、ファンもついた。献身的なファンクラブのメンバーたちは小さなおそろいのポンポンを作って、試合のたびにそれを手にし、振って、「メドゥーサ！」と声援を送った。日本のファンたちは一生懸命で、彼女を支えようと必死だった。小川をはじめ、全女は彼女に長与ら歴代のスターと同様に、歌を歌わせようとした。しかし、彼女は拒否する。せっかく日本で新しいスタイルを身に付けたのだから、プロレスに専念したかったからだ。

「メドゥーサ流」を米国で展開

多くのものを得た日本には足掛け三年いて、契約を終えて凱旋帰国する。そこで彼女を待っていたのは、かつてとはまったく違う舞台だった。大スターが数多く所属するメジャー団体ＷＣＷが彼女を迎え入れた。彼女は、日本流のストロングスタイルと技と華に、米国流のエンタテインメントを味付けした新しいメドゥーサ流をつくりだした。

「私はアスリートで、自然で、女優で、スタントウーマンで、レスラーで、すべてが一つになった、とても複雑な存在なの」

観客は驚き、熱狂した。メドゥーサのプロレスは攻撃的で強く、パワフルなものだった。

「だって当時、アメリカには本当の女子レスラーはいなかったから。セクシーウーマンばかりだった。だから、私はそのスタイルを変えようとしたの」

彼女の相手をできる女子レスラーは米国にそうおらず、やがて彼女は男性レスラーとも試合をするようになる。

彼女は米国で新たな女子プロレスを確立し、人気も名声も得た。

二〇〇一年にプロレスから引退した後は、持ち前の運動神経を生かし、モンスタートラックという、巨大なタイヤをつけた自動車の競技で活躍した。

2015年、プロレスの殿堂入り表彰式でスピーチするメドゥーサ

日本は自分の人生を変えたし、日本での日々に心から感謝している。

「本当に充実して、やりがいのあるものだった。日本は私のすべてを変えた。日本は心から大好き、愛しているわ」

二〇一五年にプロレスの殿堂入りした時のセレモニーで、ロングドレス姿でステージに上がり、こうスピーチした。

「私は、日本でのレスリングファミリーについてふれなければなりません。私の信念、モラル、価値、そしてスタイルは三年間の日本での日々で形づくられたのです」

そして、ブル中野、長与千種、アジャ・コング、小川の名をあげ、感極まったように日本語で言った。

「ドウモアリガトウ、ホントウ、ドウモアリガトウネ」

小畑と佐倉が作り上げた日本の女子プロレスが、アメリカの女子プロレスを変えたのだった。

総合格闘技女子世界ランキング一位、藤井惠

日本の格闘技における女性の地位を考える時、女子プロレスラーではないが、総合格闘技の元女子選手について記しておきたい。彼女の名は藤井惠、一九七四年生まれ。二〇一三年に引退したが、長らく世界ランキング一位を保っていた。

藤井はもともと柔道出身で、国士舘大学で全日本学生選手権のベスト8までいった。柔道は大学でやめて就職したが、体がなまってしまい、ロシアの格闘技サンボに出会って夢中になる。世界大会にも出るようになり、やがて三〇歳を超えてから総合格闘技に足を踏み入れる。着実に実績を積んで世界ランキングにも名を連ねるようになった。

ところが、ここで「女性であること」を強烈に意識させられた。総合格闘技というと、普通男子のものと思われており、女子の認知度は非常に低い。テレビでもゴールデンタイムに何度も放映されているが、世界ランキングに入っているにもかかわらず、女子である藤井にはなかなか声がかからなかった。自分より「格下」の男子選手たちが、大きなアリーナでの試合を組まれるのを、テレビの前で藤井は長い間複雑な思いで眺めていた。

スポーツにおける男女の扱われ方の違い、もっと率直にいえば女性差別。小畑や佐倉が感じていたことが、この国にはその後も根強く残った。とりわけ格闘技では女性に対しての差別や偏見

は強いが、実は格闘技に限られたことではない。

二〇一二年のロンドン五輪でのこと。U23の男子サッカーチームはビジネスクラスで往復したのに対し、女子サッカーのなでしこジャパンは、W杯優勝という実績があったにもかかわらず、行きはエコノミークラスだった。ロンドンで女子は銀メダルを取り、それが報じられた後はビジネスクラスに格上げになった。

ここには構造的な問題があるのではないか。第1章で紹介した日本体育大学名誉教授の稲垣正浩に、かつて問うたことがある。稲垣の答えは明快だった。

「男のシステムだった近代社会において、スポーツもまさに男の論理、男の文化で発展してきた。そこに女性が入ってくる、という歴史だったからでしょう。女がスポーツなんてやるものじゃない、と言われていたわけです」

藤井惠

最初の近代五輪である一八九六年のアテネ大会に参加したのは男性のみで、女性が参加したのは二回目の一九〇〇年のパリ大会以降だ。陸上競技では一九二八年のアムステルダム大会のことだった。女性が走ることすら認められていなかったというわけだ。女性スポーツも近代家父長制に押し込められ、そこからの解放に時間がかかってきたのだと稲垣は言う。しかし、家父長制が崩れ、職業を持ち自立する女性が増えてきた今、スポーツでもどんどん女性が活躍するようになってきた。二〇一二年のロンドン大会からは全競技で女子種目が設けられている。時間がかかっているが、少しずつ変化は進んでいる。

二〇一六年には、米国のサッカー女子代表チームの選手が、雇用主である米サッカー連盟を男性との賃金差別で政府機関に訴えた。女子スポーツは興行収入もテレビ視聴率も低いため、放映料やスポンサー料が低く、それが選手への報酬が低いことへとつながっていた。

賃金差別の原因は何だろう。つくられたものではないのか。競技者や観客が育成されておらず、女性だからという理由で交渉などでも価格を抑えていないだろうか、と研究者は疑問を呈している。ただ、是正も始まっており、英国BBCの調査では、賞金の出る国際大会三五競技のうち二五競技において、賞金額が男女同じだったという。

女性であるがゆえの差別、偏見。女性であるがゆえの葛藤。小畑と佐倉が直面したものに、三〇年の時をへて藤井も苦しんだ。だが、藤井は悩みぬいた末、最後に女性に生まれてよかったという心境にたどり着いた。

「男だったら、世界ランキング上位なら何千万、億と稼いでいる。自分もそうなりたかったというのもあるけれど、女に生まれたからこそいろんなことを感じられて、それを克服するにはどうしたらいいかを考えるようになった。そしてトップに立ったことで、自分が時代を、歴史をつくっていると思えるようになったんです」

女性だからこそ感じられることがあった――。負のプレッシャーを正のエネルギーに変換する明るさと前向きさ、力強さは小畑と佐倉にもあった。このように転換できることが一流の条件なのかもしれない。

葛藤する。呪う。でも、文句ばかり言っていても始まらない。まずは実績を見せよう。結果を残そう。それでこそ変化もついてくるだろう。これは格闘技、スポーツのみならず、普遍的に女性が突き当たってきた壁であり、それを乗り越えてきた軌跡がある。スーパーウーマンだからと言うなかれ。先達がいてこそ、後が続く。世の中も認知するのである。

日本の女子プロレスを体現する存在

二〇一六年のリオ五輪で、日本の女子レスリング選手が大活躍したことは記憶に新しい。伊調馨をはじめとして、四人が金メダルを獲得した。アマレスの始まりから八〇年余り。一九八五年、日本アマチュアレスリング協会の組織普及委員会に、女子部が設立されたのが本格的なスタートだった。柔道など他の競技から転向してきた者も多い。

現在、世界最大のプロレス団体ＷＷＥで、一人の日本人女性レスラーが活躍している。明日華だ。日本では二〇〇四年に華名という名でデビューしていたが、二〇一五年から米国で活動している。ＷＷＥの若手部門ＮＸＴで女子王者となった。

日本で女子プロレスが生まれて半世紀。始まりこそ米国の影響を受けているものの、その後独自の発展を遂げた。しかし、そこにはやはり女性差別の構造が存在していた。いかに小畑が先駆的な存在だったかわかるだろう。時代に先駆け闘うことを生業としたことでも、「インディペンデント」として、男性の率いる団体に属さず、自由な身分で息長く活躍した点においても。スポーツ性が高く、また健全なエンタテインメントとして新たな進化を遂げた日本の女子プロレス。

小畑は、それを体現する存在なのである。

小畑、国際プロレス時代

エピローグ

彼女たちは、今でも浅草で元気に暮らしている。


自転車で買い物に出ては「あ、小畑だ」「ちいちゃん」と声をかけられる。

先日、管理組合の理事長を務める自宅マンションで、民泊を利用しているらしき中国人を見つけた。台東区では民泊は禁止されている。小畑はハワイ仕込みの英語でかれらに話しかけた。「Pardon?」とスマホで写真を撮り、弁護士に相談して民泊をやめさせた。世話焼きの面目躍如である。


四〇年以上経営した「バー　さくら」は東日本大震災後に閉めた。

小畑は、スポーツジムに通い、筋トレをしてエアロビクスのクラスに出るのが日課だ。

健康管理のためでもあるが、いつでもリングに上がれるようにしておくためだ。

まだ、引退した気はさらさらない。明日にでも試合ができるように、体の整備は怠らない。実際、今でも力こぶは堅く盛り上がっている。食欲も旺盛だ。おかわりもするし、大盛りだって注文する。体づくりは万全だ。今でも昔と同じように、キャプテン・サンタの服を着こなす。リングの上で死ねたら本望だと思っている。

八一歳で迎える今年の三社祭でも神輿を担がないではいられないし、担ぐなら一番目立つ花棒以外では納得できない。

浅草はすっかり街並みが変わってしまった。女子プロレスも往年の勢いはない。かわいがってくれたやくざの親分たちも、テレビのプロデューサーも、もうこの世にはいない。

けれども、彼女たちが自由に動き回った日々は今も輝きを失わない。

小畑千代と佐倉輝美、2015年(撮影＝田中みどり)

女が闘う。彼女たちは本能の赴くままにリングに上がっていたのだが、それは時代の最先端をいく生き方だった。それゆえに国際関係史にまで顔を出す。

しかし、国際関係などどうでもいいのかもしれない。

彼女たちは輝いていて、そしてその輝きは見る者たちを照らし出した。

それだけで十分なのだ。

参考文献

プロレス関連

猪木寛至『猪木寛至自伝』新潮社　一九九八
大木金太郎『自伝　大木金太郎　伝説のパッチギ王』太刀川正樹訳　講談社　二〇〇六
松永高司『女子プロレス終わらない夢――全日本女子プロレス元会長松永高司』扶桑社　二〇〇八
ロッシー小川『女子プロレス崩壊・危機一髪』ぶんか社　一九九七
『女子プロレス60年史』ベースボール・マガジン社　二〇一四
ロッシー小川『全女がイチバーン!』ベースボール・マガジン社　一九九四
井田真木子『プロレス少女伝説』かのう書房　一九九〇
女子プロレス研究会『女神列伝』文芸社　二〇一一
柳澤健『1993年の女子プロレス』双葉社　二〇一一

浅草関連

井上ひさし・こまつ座編著『浅草フランス座の時間』文春ネスコ　二〇〇一
堀切直人『渥美清――浅草・話芸・寅さん』晶文社　二〇〇七
吉岡範明『渥美清　役者もつらいよ』双葉社　一九九六
「サンデー毎日」編集部編『渥美清　わがフーテン人生』毎日新聞社　一九九六
浅草ゆう子『いつでも今がいちばん。』世界文化社　二〇一三
松倉久幸『浅草で、渥美清、由利徹、三波伸介、伊東四朗、東八郎、萩本欽一、ビートたけし…が歌った、踊った、喋った、泣いた、笑われた。』ゴマブックス　二〇〇二
東京合羽橋商店街振興組合『かっぱ橋道具街100周年記念誌』東京新聞出版部　二〇一三
東京都台東区役所『台東区史　上巻・下巻』一九五五

東京都台東区役所『台東区史　第三　社会文化編』一九六六
東京都台東区『台東区百年の歩み』一九六八
塩見鮮一郎『弾左衛門とその時代』河出文庫　二〇〇八
東京都同和事業促進協会『皮革産業を支える人々』一九九六
沢村貞子『私の浅草』暮しの手帖社　一九七六

映画史関連

川本三郎『映画の戦後』七つ森書館　二〇一五
山平重樹『義侠ヤクザ伝・藤田卯一郎』幻冬舎アウトロー文庫　二〇〇三
岡田茂『悔いなきわが映画人生』財界研究所　二〇〇一
高倉健・野地秩嘉『高倉健インタヴューズ』プレジデント社　二〇一二
山平重樹『高倉健と任俠映画』徳間文庫カレッジ　二〇一五
俊藤浩滋・山根貞男『任俠映画伝』講談社　一九九九

日韓関係

高崎宗司『検証　日韓会談』岩波新書　一九九六
大島裕史著・在日本大韓体育会監修『魂の相克　在日スポーツ英雄列伝』講談社　二〇一二
『岩波講座　東アジア近現代通史8　ベトナム戦争の時代』岩波書店　二〇一一
城内康伸『猛牛《ファンソ》と呼ばれた男』新潮文庫　二〇一一
『別冊宝島　戦後日本の闇を動かした「在日人脈」』宝島社　二〇一三
根本敬『物語　ビルマの歴史』中公新書　二〇一四
李淳馹『もう一人の力道山』小学館　一九九六

沖縄、ハワイ関連

佐野眞一『沖縄　だれにも書かれたくなかった戦後史（上・下）』集英社文庫　二〇一一
高木凜『沖縄独立を夢見た伝説の女傑　照屋敏子』小学館　二〇〇七

上原栄子『新編　辻の華』時事通信出版局　二〇一〇
奥野修司『ナツコ――沖縄密貿易の女王』文春文庫　二〇〇七
山中速人『ハワイ』岩波新書　一九九三
矢口祐人『ハワイの歴史と文化』中公新書　二〇〇二

スポーツ史、女性史ほか

稲垣正浩『スポーツの後近代――スポーツ文化はどこへ行くのか』三省堂　一九九五
稲垣正浩『スポーツ文化の脱構築』叢文社　二〇〇一
筑摩書房編集部編『市川房枝』筑摩書房　二〇一五
市川房枝『市川房枝』日本図書センター　一九九九
上野千鶴子『家父長制と資本制』岩波現代文庫　二〇〇九
鈴木裕子『昭和の女性史』岩波ブックレット　一九八九
鈴木裕子『女性史を拓く1～5』未來社　一九八九～九九
伊藤康子『戦後日本女性史』大月書店　一九七四
Friedan, Betty *The Feminine mystique* Penguin classics 1963（ベティ・フリーダン『新しい女性の創造』三浦富美子訳　大和書房　一九七〇）
布施鋼治『東京12チャンネル　運動部の情熱』集英社　二〇一二

雑誌・新聞ほか

『週刊大衆』昭和三九年一二月二四日号
『現代思想』第三〇巻三号、二〇〇二年二月臨時増刊
朝日新聞、毎日新聞、読売新聞、産業経済新聞（当時）、沖縄タイムス、琉球日報、東京スポーツ、日刊スポーツ

謝辞

この本を書くにあたり、多くの方にお世話になりました。

まず、千代さんの店にいざなってくれた北原みのりさん。北原さんがいなければ、私が千代さんに出会うことはかないませんでした。

日韓親善女子プロレスの手掛かりがどうしてもつかめないでいた時に、突破口を与えてくれた在日本大韓体育会の趙靖芳さん。城内康伸さん。玉京子さんの消息を、手品のようにぱっと調べてくれた牧野愛博さん。

東京12チャンネル・白石一家だった若松明さん、田中元和さん。白石剛達さんの御子息、統一郎さん。北海道の芦別市で、私たちをあたたかく迎えてくれた若松市政さん。きらきらした瞳で、青春の思い出について語ってくれた千草京子さん。玉京子さん。

鬼籍に入られた稲垣正浩さん。

ソウルメイトでもある藤井(旧姓)惠さん。

私を叱咤激励して辛抱強く伴走してくれた中本直子さん。

小川宏さん。メドゥーサさん。秋葉和徳さん。千葉慶二さん。その他お名前をあげることはできませんが、お話を聞かせてくださった方たち、通訳をしてくださった友岡有希さん。

もちろん、小畑千代さん、佐倉輝美さん。

そして、この本を手にとってくれたあなた。

ありがとうございました。心からお礼を申し上げます。

秋山訓子
1968 年東京生まれ．東京大学文学部卒業．ロンドン政治経済学院修士．新聞社で政治担当の編集委員を務める．共著に『女性官僚という生き方』『社会をちょっと変えてみた』など．

女子プロレスラー小畑千代―闘う女の戦後史

2017 年 5 月 26 日　第 1 刷発行

著　者　秋山訓子《あきやまのりこ》

発行者　岡本　厚

発行所　株式会社　岩波書店
〒101-8002 東京都千代田区一ツ橋 2-5-5
電話案内 03-5210-4000
http://www.iwanami.co.jp/

印刷・三陽社　カバー・半七印刷　製本・松岳社

ISBN 978-4-00-061175-6　Printed in Japan